PORTUGAL

O INÍCIO DA IDADE MODERNA

E A PRIMEIRA GLOBALIZAÇÃO

António Manuel Neto Guerreiro

PORTUGAL

O INÍCIO DA IDADE MODERNA E A PRIMEIRA GLOBALIZAÇÃO

FACTASH EDITORA

São Paulo – 2012

Diagramação: Tarlei E. de Oliveira
Revisão: Luiz Gonzaga S. Neto
Capa: Tarlei E. de Oliveira

Ilustrações de capa
(de cima para baixo, da direita para a esquerda, respectivamente):

1) D. João de Castro; 2) Fernão de Magalhães; 3) Gil Eanes; 4) Pedro Álvares Cabral; 5) Pedro Nunes; 6) Luís de Camões; 7) Caravela portuguesa; 8) Vasco da Gama; 9) Dom João I; 10) Bartolomeu Dias; e 11) Infante D. Henrique

Dados Internacionais de Catalogação na Publicação

Guerreiro, António Manuel Neto
Portugal – o início da idade moderna e a primeira globalização. António Manuel Neto Guerreiro. São Paulo : Factash Editora, 2012.

16 x 23 cm. 307 p.
ISBN 978-85-89909-66-2

1. Idade moderna 2. Globalização 3. História 4. Portugal I. Título

CDD 946

netoguerreiro@superig.com.br

Factash Editora
Rua Costa, 35 – Consolação
Cep 01304-010 – São Paulo – SP
Fone: (11) 3259-1915

Impresso no Brasil
Outono de 2012

Sumário

Dedicatória

AS PÁGINAS QUE SE SEGUEM, quero dedicá-las ao grande incentivador, Dr. Rui Assis e Santos, aos meus amigos do Elismo Paulistano e a toda a laboriosa comunidade luso brasileira de São Paulo.

Prefácio

ESTA OBRA NÃO TEM A jactância de demonstrar erudição e, nem tampouco, ensinar história a quem quer que seja. Pretende, isto sim, esclarecer e, ao mesmo tempo, demonstrar que aqueles que escreveram a História (e especialmente a História Universal) o fizeram muitas vezes nem sempre com isenção de ânimo.

Assistimos frequentemente afrontas à história luso brasileira em emissoras de TV, que levam ao ar novelas e minisséries que retratam essa história com facciosismo doentio, em particular pela maneira grotesca como apresentam a figura de D. João VI.

A distorção proposital, a manipulação pseudonacionalista, o achincalhamento causam tal repugnância que alguns historiadores de renome deste País se revoltam contra tais enredos. A exemplo de referidos enredos distorcidos, a História Universal também tem sido madrasta com os heróis e a nação lusitana. Invariavelmente, não lhe tem creditado certos feitos para depois embalá-los e rotulá-los a outras origens. Diante destas injustiças e convictos de podermos mudar um pouco o *Status Quo Ante*, resolvemos escrever estas breves linhas.

Os elementos de cognição destas tiveram como fonte primacial fatos históricos dos quais jamais poderíamos prescindir, pois, sem eles, certamente ser nos ia impossível um desfecho conclusivo. Todavia, os elementos de convicção, as inferências e, por consequência, as conclusões tiveram seu embasamento em momentos, horas, dias e meses de refinada reflexão.

Neto Guerreiro

Introdução

QUAL O SIGNIFICADO DE IDADE MÉDIA, Idade Antiga, Pré-História, Romantismo, Classicismo, Idade Moderna, Neoplatonismo, Realismo etc.?

Afigura-se-nos, a cada uma destas épocas, terem os intelectuais encontrado uma data estanque ou um movimento cultural, limitando as no tempo e no espaço, talvez para uma melhor percepção didática. Entretanto, a cada mutação de uma para outra época ou de um para outro desses movimentos, algum fato novo deve ter acontecido, induzindo assim os pensadores a tal procedimento. Acreditamos, porém, que nem sempre os eventos modificadores para estas divisões tenham sido os mais criteriosos (explicaremos adiante), valendo apenas uma razoável explicação para o entendimento de tal mudança.

Os documentos históricos escritos ainda constituem a melhor fonte informativa para o pesquisador que queira assegurar se da veracidade dos fatos. Todavia, há outras obras de grande valor instrumental de averiguação para que cheguemos à identidade perfeita destas mutações.

A cognição de certos momentos históricos, descritos em painéis e trabalhos eruditos, solidamente alicerçados, pode provocar um movimento cultural.

Os homens que fizeram a história de ontem, evocados ou lembrados por seus valorosos feitos dramáticos, heroicos, mesquinhos ou cruéis, servirão de imagem aos de hoje. A beleza da ressurreição, por meio de um espetáculo luminoso, de determinada batalha, quando evocada com o colorido da justiça em certa época, enche nos de regozijo. Há certos momentos de empolgação em que não nos é possível esconder nosso entusiasmo. E, ao mesmo tempo, nos faz reconhecer aqueles que escreveram a história de seu povo, da sua gente, com o seu próprio sangue.

Dos 60 séculos da história da humanidade, por nós conhecidos e divididos de forma muito desigual, queremos apenas enfocar dois períodos: a Idade Média e a Idade Moderna.

A Idade Média, por se tratar de uma época toda caracterizada pelas dessimilitudes entre as diversas nações do mundo.

A Idade Moderna, pela evolução humanística e científica do homem, cujos resultados levaram no às grandes descobertas dos ignotos oceanos e a uma maior cognição sobre o mundo que nos rodeia.

PARTE I

Formação do Estado Português

I – Idade Média

O INÍCIO DA IDADE MÉDIA DEU se no ano de 476 com o advento da capitulação do Império Romano. A vida faustosa dos romanos, discórdias e desavenças entre seus chefes foram as causas da queda do maior império do mundo antigo. Os estudiosos da história universal, na divisão desta, dão como marco final da Idade Antiga a data acima referida, começando novo período histórico denominado de Idade Média, estendendo se este até 1453, data da tomada de Constantinopla, pelos turcos, atribuindo se a este fato a transição para outro período histórico, o qual se denominou Idade Moderna.

Com as invasões de tribos bárbaras, nômades, formadas por cavaleiros incansáveis, ferozes e destemidos que deixavam no seu rastro devastação, terror e ruína, o Império Romano se desintegrou. Porém, o pior foi a divisão do Grande Império em pequenos reinados indefesos em relação a outros grandes impérios em formação. Estes pequenos reinados, de estrutura precária, careciam de uma unidade de comando, uma unidade patriótica, uma união básica nacional, a fim de poderem suportar as investidas dos bárbaros.

Das diversas ilações que concluímos sobre o homem medievo, parece nos certo e concreto dizer da sua falta de amor patriótico. Na verdade, o homem da Idade Média desprezava a nacionalidade. Um ou outro governante tinha percepção da valoração nacional, e assim mesmo dada à falta de apoio (até pelos seus) ou, ainda, pelas guerras constantes em que se viam envolvidos, geralmente tornavam se presas fáceis e frágeis aos invasores.

Entre os anos 570 e 632, Maomé iniciou um movimento religioso de grandes proporções, o Islamismo, em Meca, velozmente propagado por todo o Norte da África, ramificando se pelo Médio Oriente indo da Índia à Península Ibérica. Aliás, as correntes religiosas, nesta época, eram determinantes dos movimentos bélicos. O grande guia espiritual era ao mesmo tempo o soberano de todo o império. Isto é, o chefe espiritual era ao mesmo tempo chefe temporal. As conquistas religiosas, materiais e políticas deste movimento foram fulminantes. Em pouco mais de um século, sempre em vitórias sucessivas, contavam os muçulmanos com adeptos de suas crenças nos diversos continentes. As suas conquistas materiais geográficas abrangiam toda margem do Mar Mediterrâneo africano, como:

Egito, Tunísia, Argélia e Marrocos. No Oriente: Iraque, Irã, Turquistão, uma parte da China, Índia e Malásia. Na Europa, o movimento subjugou quase toda a Península Ibérica, sendo detido apenas nos Pirineus (cordilheira que separa hoje a França da Espanha) no ano de 732.

Circunstancialmente, a Europa ficou isolada das regiões onde era maior a produtividade dos alimentos básicos, como o trigo e o centeio, que eram importados das regiões do Norte da África.

Impossibilitados de conquistar o restante da Europa pela força das armas, impõem os muçulmanos um bloqueio de alimentos a esta parte do mundo. Logo, os europeus, ao se aperceberem destas dificuldades, adotaram medidas administrativas, visando contornar o grave problema da fome. Entendem os administradores que a descentralização seria a melhor forma de combater tal problema. Procedem imediatamente uma alígera desconcentração administrativa e concomitantemente descentralização do poder.

Nesta época, Carlos Magno, rei dos Francos, a partir de 773, tomou a Lombardia, anexou outros territórios e construiu o maior império depois dos romanos. Entretanto, seu sistema de governo era descentralizado, com seu império dividido em mais de duzentos condados. O grande imperador exigia dos condes e homens livres uma fidelidade que nem sempre era cumprida. Por outro lado, os proprietários rurais juravam fidelidade aos condes, legítimos representantes do imperador. Ora, esse juramento dava-lhes uma maior obediência ao conde que ao próprio imperador, provocando a descentralização do poder. Esta nobreza era a grande mola propulsora da economia, cuja atividade principal era a agricultura.

Os condados, pequenas porções de terra governadas por um conde, tinham ao seu redor os camponeses, que tomavam as terras em forma de arrendamento com contratos variáveis, cultivando as em proveito próprio. Entretanto, deveriam entregar ao senhor feudal uma parte dessa colheita, assim como trabalhar três dias em cada semana na reserva do próprio condado.

A partir do final do século IX, desenvolveu-se em quase toda a Europa um novo sistema político, resultante de uma estrutura social original, que culminou na organização característica da sociedade medieval. Esta sociedade já se habituara à defesa de suas posições, nas investidas de invasores.

As populações locais, com toda a docilidade e boa vontade, se entregavam a quem melhor as defendesse. Invariavelmente, as pessoas aceitavam esta proteção, ficando desde logo evidenciado certa vantagem, nesta mútua ligação, para o senhor feudal mais forte e poderoso. Este contrato atípico, aceito pelo contraente fraco, ao desabrigo da liberdade negocial, com o senhor do feudo, causava ao primeiro uma submissão completa.

A fidelidade jurada, alcunhada de vassalagem, responsável pela servidão dos alienados ao senhor feudal, irá aos poucos ganhando estrutura própria e independente: quanto maior for o feudo (terras e vassalos), tanto maior será a importância do suscrano (com também era conhecido o senhor feudal). Alguns feudos serão incorporados a um terceiro, através da conquista pela força das armas, ou ainda pela união de dois suseranos pelo casamento, condição esta de certo modo privilegiada perante o monarca nacional.

Fica o poder real visivelmente enfraquecido quando tem em seu reinado senhores feudais muito fortes, pois estes, pela grandeza de seus domínios, muitas vezes afrontam os próprios reis. O monarca se via impedido de dirigir os destinos nacionais por causa da força dos grandes vassalos do seu reino. Para se ter uma ideia da importância do poder do feudo, em certa altura histórica, admite-se a existência do rei, não como coordenador nacional de um mando genérico sobre todos seus vassalos, mas sim de uma simples figura necessária à proteção dos interesses desses senhores, cuja justiça por ele distribuída-lhe dá uma espécie de sagração quase divina.

Enfraquecido o poder real e fortalecido o feudo, as possibilidades de o rei existir dependem do desejo dos grandes senhores. Pode-se imaginar como seria o poder destes! A importância deles era tão grande que, em certa altura, a vida cultural, espiritual e militar era toda desenvolvida no cenário do castelo erigido no feudo.

Destarte, a pequena propriedade deixou de existir para dar lugar ao grande feudo, cujo alargamento simultaneamente se deu em virtude de uma política de anexação territorial. Circunstancialmente, o homem europeu da Idade Média pouco ou nada vale. As pessoas são tratadas como se fossem semoventes. O valor social de cada um era atribuído ao *quantum* de suas posses. Isto é, o valor de cada um fica diretamente ligado à quantidade de terra que possui. Convenciona-se desde logo o valor do duque, do conde, do marquês etc., conforme o tamanho do feudo.

Se, de um lado, estava o senhor feudal e, de outro, o rei, havia outro poder moderador, conciliador e também detentor de grande parte do poder: a Igreja Católica, que dispunha, igualmente, de enormes quantidades de terras distribuídas pelas ordens sob sua égide. Das três entidades medievais qual delas seria aquela mais forte política e militarmente? Eis aí uma indagação um tanto controvertida, dada a maneira do comportamento social de cada um dos poderes.

Entende-se hoje ser a igreja o poder de maior relevância na era medieval. Consubstanciam-se estas ilações numa série de acontecimentos resultantes da deposição de alguns monarcas, cujas funções não estariam sendo bem desempenhadas, segundo a igreja. Daí depreender-se ser a Igreja Católica ou o clero o órgão de maior prestígio em tempos medievais. Depois do clero, o segundo maior poder seria atribuído aos senhores feudais. Vindo em seguida o inseguro poder real, com as deficiências a ele pertinentes. Esta fragilidade dos reinos contribuiu de certa forma para a invasão da Península Ibérica, pelos muçulmanos, iniciada em 711, sendo linear um retrospecto do porquê estes frágeis reinos não resistiram aos invasores, cuja expulsão só terminou em 1492, com a reconquista de Granada.

Depois de conquistarem a península, prepararam-se os muçulmanos para invadir os reinos da França, mas foram detidos por Carlos Martel, na Batalha de Poitiers. Este bloqueio limita os invasores a povoar e a introduzir os seus costumes apenas nos reinos conquistados da península.

Carlos Magno ainda tentou reconquistar esta parte da Europa, mas foi derrotado na batalha de "Saragoza". Além desta derrota, suas tropas são perseguidas e massacradas em "Roncesvales", cujo comandante dos exércitos, o famoso "Rolando" (citado por Camões em *Os Lusíadas*), pereceu nesta batalha.

A Igreja Católica, alheia à situação das populações, viu no movimento muçulmano séria ameaça às suas instituições e resolveu tomar posição contra os inimigos de Cristo. De pronto, inicia um grande movimento moralizador e de consciência cristã em nível mundial. Primeiro, são os cruzados que vão à Terra Santa libertar o túmulo de Cristo. Depois, iniciam na Península Ibérica um forte movimento pela reconquista deste pedaço da Europa em poder dos sarracenos. As Astúrias, província ao norte da Espanha, por ser muito montanhosa, não conseguiram os muçulmanos submetê-la ao seu domínio. A reconquista tem início precisamente nesta parte, onde as populações recebem a ajuda da igreja e dos cruzados vindos do norte.

Recompõe-se a Europa. Tanto na parte social, como na organização interna, até mesmo nos campos econômico e cultural. A Europa sofre uma metamorfose espetacular.

Os reinados de Leão e Castela e o Condado Portucalense

Os cristãos, dia após dia, de batalha em batalha, vão expulsando os muçulmanos da Península Ibérica. Já no século XI, uma grande parte do norte da península encontrava-se sob o domínio dos católicos. A Europa inteira, através das campanhas feitas pela Igreja Católica, está voltada e ciente da necessidade da expulsão dos árabes da península. De todas as partes vêm guerreiros no afã de levar avante a grande cruzada do Cristianismo.

Vindo da Borgonha, com o intuito de auxiliar Afonso VI, rei de Leão e Castela, na expulsão dos muçulmanos, chegou a este reino o jovem Henrique, filho do conde da Borgonha. Afonso VI, vendo a intrepidez e bravura deste jovem conde, fê-lo casar com sua filha Teresa, dando-lhe como dote um pequeno território conhecido como "Terra Portucalense", situado entre os rios Minho e Douro. Nascia assim, em 1095, mais um condado medievo.

O conde D. Henrique, no entanto, deveria prestar homenagem a seu sogro e, por morte deste, a quem no seu lugar ficasse com o reino de Leão. D. Henrique desde cedo iniciou campanha para tornar o Condado Portucalense independente. Todavia, não lhe foi possível, pois a morte prematura colheu o no desabrochar da vida. Fica governando o condado, pela morte do marido, sua mulher dona Teresa. Esta continua com a mesma intenção do marido, qual seja, a independência do território portucalense.

Do casamento de Henrique de Borgonha e Teresa nascera um filho que ficara com três anos quando seu pai faleceu. Seu nome: Afonso Henriques. Desde cedo, o jovem Afonso carregava consigo o sentimento de liberdade. Aprendera com o seu professor Egas Moniz a contemporizar, ponderar e a esperar a oportunidade de melhor conquistar esta liberdade. O poder, porém, estava com sua mãe, que habilmente lutava contra sua irmã, dona Urraca, agora rainha de Leão, pela sonhada independência.

Várias vezes as tropas leonesas invadem o território portucalense, sob o comando de dona Urraca, para constranger dona Teresa a reconhecer sua vassalagem. Dona Teresa não dispõe de forças bélicas para enfrentar a irmã. Recorre, então, aos seus artifícios políticos para deles tirar alguns proveitos no sentido de alargar o seu condado.

Com o desaparecimento de dona Urraca, sobe ao trono de Leão seu filho Afonso VII. O novo monarca, querendo demonstrar o seu poderio, resolve invadir o Condado Portucalense e cercar a tia e o primo no Castelo de Guimarães. Cercados pelos leoneses, com forças poderosas, é insustentável e delicada a situação em que se encontram mãe e filho. É iminente a derrota, nada podem fazer sem se expor à obediência servil. Episódio dos mais delirantes ocorre nestes tempos de fé e honra.

Egas Moniz, educador emérito do jovem conde de Portugal, vendo a situação desesperadora em que se encontra o seu pupilo, corre a parlamentar com o rei de Leão, empenhando a sua palavra que certa deverá ser a vassalagem de Afonso Henriques e sua mãe ao soberano leonês, desde que este levante o cerco à capital do condado.

Confiou Afonso VII na palavra empenhada do aio de Afonso Henriques e levantou o cerco, regressando a seu reino. Entretanto, o conde de Portugal, como se nada soubesse, invadiu o reino de Leão provocando certa contradição quanto ao compromisso assumido pelo seu aio. Vendo descumprida a sua palavra, Egas Moniz reúne toda sua família (mulher e filhos) e, em trajes penitentes, vai entregar-se ao rei de Leão para que este o castigue. Admirado com gesto de tanta grandeza, manda Afonso VII que o fidalgo português volte para sua casa. Ganhava a história de Portugal grandioso e expressivo gesto de honradez e valor à palavra empenhada.

O irrequieto Afonso Henriques, com seus 16 anos, não vê com bons olhos alguns fidalgos galegos imiscuídos na política e nos destinos do Condado Portucalense. Dona Teresa deixara-se influenciar muito por Fernão Peres de Trava, que era tido como persona non grata aos fidalgos do condado. Dividem-se as forças. Afonso Henriques, de um lado, e dona Teresa, de outro.

Ganha corpo a campanha do jovem conde. Grande parte dos fidalgos, dos eclesiásticos e até mesmo da gente miúda estava com ele. A guerra civil está prestes a eclodir. Os exércitos encontram-se em São Mamede (1128). A luta foi violenta, mas as tropas do jovem Afonso saem vitoriosas para a glória de Portugal.

II – Portugal Medievo

Debelada a conjura interna, volta-se Afonso Henriques para os inimigos externos, traçando com a sua potente espada o perfil da nacionalidade. A euforia do jovem conde, pela retumbante vitória alcançada em São Mamede, ecoa em sua mente. A independência deve ser conquistada intransigentemente, mesmo que esta custe a vida ao herói fundador. Páginas eloquentes são escritas sobre os rasgos de heroísmo do grande fundador da nacionalidade portuguesa. A nação portuguesa nascia forte, valente, independente, como independente fora o seu fundador.

Portugal, ao contrário dos outros reinos, era governado por um rei forte e poderoso, com vassalos fracos e submissos, enquanto que, nos reinos vizinhos, os vassalos eram poderosos e o rei fraco. O rei de Portugal, ainda nos tempos feudais, já detinha o poder, isto é, o poder era concentrado nas mãos do monarca.

O Fundador

Afonso Henriques conquistara o poder apoiado num sentimento e desejo nacional. O poder lhe viera do cerne da nação. O sentimento patriótico das populações do condado comparava-se ao mesmo sentimento dos antigos lusitanos. Este desejo de liberdade, esta força de vontade de se autogovernar, esta noção de liberalismo, própria dos ancestrais da gente portuguesa, impelia-se à conquista deste sublime ideal.

Na perenidade do seu longo governo, o gigante da independência constrói seus alicerces na vontade indômita de sua gente. A seu lado, ombro a ombro, estão os companheiros de grandes batalhas. Gonçalo Mendes da Maia, "O Lidador", Geraldo Geraldes, "O Sem Pavor", Mem Ramires, D. Fuas Roupinho e tantos outros grandes guerreiros de semelhante envergadura. Trabalha o futuro rei de Portugal, junto à Santa Sé, no sentido de lhe merecer total confiança. D. Paio Mendes, arcebispo de Braga, vê no moço Afonso qualidades favoráveis à união do clero português. Propõe-se a ajudá-lo nesta luta política palaciana.

Com a morte de D. Gonçalo, a diocese de Coimbra, cujo condado também estava sob o comando de Afonso, fica vaga. Deve tomar o lugar do arcebispo de Toledo, D. Telo – preferido do primaz toledano. Entretanto, é eleito o Monge Bernardo, recebendo das mãos do prelado bracarense o alto cargo de arcebispo desta tradicional diocese. Em seguida, funda-se o Mosteiro de Santa Cruz de Coimbra, com o beneplácito do próprio D. Afonso, e é guindado a assumir o priorado o incomparável São Teotônio. Ainda nesta linha de aproximação com a Igreja, o rei desenvolve um trabalho intenso e coloca D. João Peculiar como arcebispo do Porto. Enfim, não esquece o fundador das lides políticas, muito embora tenha trabalho insano nos campos de batalha.

De golpe em golpe, de batalha em batalha, a independência vai-se solidificando. Afonso Henriques não descansa, não dorme, não dá trégua aos inimigos. Hoje é Ourique, amanhã é Lisboa, depois Évora e Beja contra o inimigo comum dos cristãos, os muçulmanos invasores. Ao mesmo tempo ajuda a combater aqueles que pretendem cercear-lhe a independência. Vemo-lo em Túi, depois em Cerneja, combater o jugo leonês. Até que, finalmente, em 1143, pelo tratado de Zamora, Afonso Henriques aproveita a visita do cardeal Guido de Vico, enviado do Papa Inocêncio II, para lhe prestar juramento de vassalagem.

O cardeal, sem lhe reconhecer a dignidade régia, trata Afonso Henriques como se fosse rei. Trabalha a política junto à Santa Sé com os olhos voltados para a independência do novo reinado, enquanto a espada fulminante e infatigável do hercúleo rei de Portugal bramia nos campos de batalha mouriscos. Já no ocaso da vida, viu finalmente o soberano português o reconhecimento da sua tenaz luta. O papa Alexandre III, em 1179, pela Bula Manifestis Probatum, declarava, com justíssima homenagem, Afonso Henriques, rei de Portugal. Pouco depois morreria o fundador da nobre e altiva pátria portuguesa. Consigo levava a certeza de ter deixado uma nação independente e livre.

Sancho I, o Povoador

Sucede ao fundador seu filho Sancho I. O novo soberano tem muito trabalho pela frente. O pai conquistara as terras, mas não teve tempo de povoá-las. É ao filho que compete tal tarefa. Sancho I enfrenta o problema com a mesma bravura de seu pai, apesar das calamidades que assolam o país. Ainda assim conquista algumas terras ao sul do reino com a ajuda dos cruzados. Em 1189, toma o castelo de Alvor, depois Silves e Albufeira.

Depois de alguns conflitos com prelados nacionais, quando toma medidas violentas, apoiado pela burguesia e pela gente humilde, é repreendido pelo papa Inocêncio III, vindo depois a falecer em março de 1211.

Afonso II

Sobe ao trono de Portugal Afonso II. O primeiro ato do rei empossado foi a convocação das cortes de Coimbra (maio de 1211). De pronto, resolve o novo monarca a sequela deixada pelo povoador, com o clero limitando-lhe os direitos como também as obrigações. Algumas questiúnculas com as irmãs também foram motivo para o rei Afonso IX de Leão invadir o território nacional.

Afonso II de Portugal vê neste ato falta de patriotismo das irmãs. Invade-lhes os domínios deixados pelo pai e depois de uma guerra de alguns anos submete as ao ideal maior, qual seja, o amor à Pátria. A presença da realeza em Portugal seria mais uma vez fortificada. O rei morreria de lepra e excessiva obesidade, com apenas trinta e sete anos de idade e doze de governo. Mas a monarquia e o poder real sairiam fortalecidos.

Sancho II, o Capelo

Nestas dificuldades da Pátria, uma criança de apenas treze anos irá sentir as vicissitudes hostis de um clero revolto e de alguns nobres descontentes, ao ser coroado em 1223. Sancho II, "O Capelo", não é um príncipe determinado, resoluto, capaz de resolver as pendências deixadas por seu pai. Consegue com muita fraqueza resolver algumas áreas de atrito entre a Coroa e os prelados arrogantes.

O jovem monarca sente mais prazer em combater os mouros do que tratar de política. Por isso, investe contra os inimigos da fé cristã, ao sul do País. Arrebata aos sarracenos as praças de Elvas, Serpa, Jurumenta. Aljustrel no Alentejo, Aiamonte, Cacela e Tavira no Algarve. Com ânimo no campo de batalha, paradoxalmente, é fraco na governança da coisa pública. O clero, que parece não ter esquecido as escaramuças políticas de seu pai, investe desta vez contra a fraqueza do rei, ajudando seu irmão Afonso, conde de Bolonha.

O notável trabalho do bolonhês junto aos descontentes converte o em político hábil na arregimentação dos despeitados. A guerra civil mais uma vez grassa entre portugueses. Várias cidades entregam-se ao usurpador, outras, porém, resistem aos ímpetos do bolonhês. Assim acontece com Coimbra, onde Martim de Freitas é alcaide. Dizem historiadores, simbolizando a íntegra fidelidade do alcaide, que este só entregou as chaves da cidade depois de ter ido a Toledo certificar-se da morte do seu amo e rei, e em suas mãos frígidas ter depositado as mesmas.

Mais um episódio de dignidade e honradez se escrevia na história desta gente ilustre da nação portuguesa.

Afonso III, o Bolonhês, conquistador do Algarve

Perante o povo, a forma com que D. Afonso se apoderou do trono de Portugal, em 1248, foi assaz antipática. A história, no entanto, reconheceu posteriormente ser de grande utilidade este acontecimento.

Afonso III sente não ser rei de todos portugueses. Sente no seu âmago o ressentimento da nação pela maneira como arrebatou o trono ao irmão. Daí a sua grande preocupação em acertar a administração pública. Uma a uma, resolve todas as pendências anteriores entre a Coroa e o Clero. Depois, acerta todas as pendências existentes entre os nobres do reino, especialmente com as suas tias, para finalmente se lançar na conquista definitiva do Algarve.

Estamos no ano de 1249 e os últimos redutos de mouros ainda existem. Afonso III é homem determinado, valente, ciente e capacitado. Ajudado pela frota nacional, põe cerco a Faro. Os mouros ainda oferecem resistência, mas o bolonhês havia cortado todas as vias de comunicação. Esses, sem víveres e isolados, renderam-se incondicionalmente. Em seguida, outras praças também se entregam, como: Loulé, Aljezur, Porches, Alvor etc. Investe ainda o cioso monarca contra algumas praças além Guadiana. Entretanto, Castela não vê com bons olhos o crescer dos domínios portugueses e reage às conquistas do rei de Portugal. Serve de pretexto para isso um velho tratado feito entre Afonso Henriques e Fernando II de Leão, cujo marco divisor teria sido o leito do rio Guadiana. Diante de tão poderoso inimigo, mesmo porque tinha trabalho insano na administração, cede o bolonhês às pressões do adversário. Outros incidentes sobre o Algarve são questionados, mas o rei de Portugal não abre mão de seus direitos de conquista desta populosa província.

Afonso III, o Bolonhês, completara o ciclo de conquistas de Portugal continental. As fronteiras nacionais estavam solidamente alicerçadas na varonil espada de cada um dos heróis que as dilatou. Acabavam de ser delineadas as fronteiras mais antigas da Europa. Afonso III se tornara o conquistador definitivo do Algarve, em 1249.

Acendem-se novamente questões religiosas. Afonso III é um rei arrogante, audacioso, inteligente e político demais para ficar submisso à vontade de Roma. Vários atritos são criados especialmente com o Bispo do Porto, pela posição deste, em querer usufruir dos direitos das mercadorias em trânsito nesta cidade. O bolonhês não admite intromissão nos assuntos administrativos do seu reino. Invade a cidade pela força das armas e impõe solução radical ao assunto. Roma adverte o monarca, mas este não toma conhecimento. Novamente é admoestado pelo papa Clemente IV, ao qual responde o insigne político com uma longa, solene e eloquente declaração dos conselhos de Portugal a justificar o procedimento do rei. O episódio continua, mas Afonso III é muito esperto e vai protelando até o seu último suspiro, em 1279, quando deixa o País em pleno desenvolvimento social debaixo de um único estandarte tremulante, desde Valença do Minho a Albufeira no Algarve.

D. Dinis I, o Lavrador e Trovador

No desabrochar dos dezenove anos, incompletos, recebe D. Dinis I de Portugal, em 1279, um reino alicerçado em pilares sólidos e robustos, como sólida e robusta era a sua personalidade, calcada na noção dos altos deveres do culto à Pátria.

A tenra idade não é motivo de preocupações do povo, que encarna no jovem rei o futuro promissor da jovem nação. A sua alta formação de caráter contribui plenamente para a grandeza nacional.

Ainda os conflitos com a Santa Sé perduram. Entretanto, o novo monarca é homem letrado. Conversa de igual para igual com os prelados, e do seu lado está sempre a nação a apoiá-lo. Através de hábeis negociações, estabelece concordata com o papa Nicolau IV, regulada pela Bula de 7 de março de 1289.

Resolvidas estas questões, entregou-se o personalíssimo monarca, com todo ardor de sua alma, aos problemas internos do reino. De norte a sul, viaja por todos os lugares, formando conselhos, distribuindo terras, fazendo benfeitorias etc. Homem íntegro, escravo da palavra, desfruta de grande respeitabilidade entre os súditos.

Dedica-se de corpo e alma à administração do reino. A paz favorece esta dedicação. Cultiva os campos mandando plantar os pinhais de Leiria e Azambuja para evitar a erosão. Favorece sobremaneira os lavradores na difícil tarefa agrícola. Por isso, recebe com orgulho o cognome de “Lavrador”.

A dedicação à agricultura é esforço exemplar do jovem monarca. Entretanto, dedica-se também com profundo zelo a cultivar o espírito. O rei lavrador é também o rei trovador. Mas não é um trovador qualquer, é, isto sim, o maior trovador do reino. Rejubila-se o povo com a sabedoria do seu querido monarca. Dá graças a Deus por lhe haver dado um soberano com tantas virtudes. Carrega o no coração como penhor de tantas dádivas divinas. Impele o a fazer cada vez mais. O rei, em contrapartida, numa vontade indômita, tudo faz para corresponder a este povo. Vislumbra na vontade de alguns prelados o desejo de estender o ensino a outros segmentos da sociedade que não seja o clero. Então, em conjunto com alguns clérigos de boa vontade, funda a Universidade em Lisboa, no ano de 1290, transferindo a para Coimbra, em 1308, orgulho do patrimônio intelectual da cultura lusíada.

O rei, dual de culturas diversas, do espírito e da terra, trova. Trova com versos a brotarem-lhe espontâneos da fonte poética nos doces cantares de antanho, onde o monarca se queixa ao desdém de alguma dona, como adiante transcrevemos:

> (Perguntar vos quero por Deus
> Senhora fremosa, que vos fez
> masurada e de bom prez
> que pecados foram os meus
> que nunca tivestes por bem
> de nunca mi fazerdes bem.)

O monarca canta as suas trovas com sutileza, no enlevo de uma corte feliz. Mas a felicidade não é completa. O rei tem um filho bastardo, D. Afonso Sanches. Seu filho legítimo, enciumado pelo bem querer do pai a este seu irmão, levanta-se com sua gente contra o próprio pai. Várias vezes os dois exércitos têm refregas, mas ainda não se defrontaram frente a frente.

O príncipe Afonso, filho legítimo de D. Dinis, pretende enfrentar as tropas de seu pai e algumas cidades lhe dão apoio. Uma insurreição em Santarém, comandada por D. Afonso, marcha sobre Lisboa. As tropas já se encontram frente a frente, em Alvalade, quando, de repente, surge entre os exércitos a rainha montada num jumento com um séquito de damas e convence tanto o filho como o marido a desnecessidade de se defrontarem. Confirmava-se mais um milagre na história desta nobre nação. Isabel de Aragão receberia assim o título de Rainha Santa por este e por outros milagres feitos.

D. Dinis, desgostoso, velho e abalado pelos acontecimentos provocados pelo filho, durou mais alguns meses, deixando, em 1325, D. Afonso como legítimo herdeiro do trono de Portugal, cuja impaciência tanto abalara durante a vida do pai.

Afonso IV, o Bravo, e a nova invasão mourisca

Rei morto, rei posto! – diz o velho adágio popular. Afonso IV sobe ao trono de Portugal, recebendo de seu pai um país em paz e altamente organizado para sua época. A agricultura em franco desenvolvimento, o exército, a marinha altamente modernizados, a indústria náutica bastante desenvolvida, enfim, um país com grandes recursos para o seu tempo.

Não tarda, porém, que o rei de Portugal se desentenda com seu irmão Afonso Sanches, do qual ainda guarda ciúmes. Declara o irmão traidor da pátria e o desterra confiscando-lhe todos os bens. Abrem-se hostilidades entre os irmãos, visto o aviltante esbulho do infante. Acode novamente a rainha dona Isabel de Aragão a apaziguar as iras do filho em favor daquele que não lhe era nada. Termina Afonso Sanches recebendo de volta todo o acervo do qual fora despojado. Mas desaparece muito cedo do cenário histórico de Portugal, colhido pela morte prematura aos 40 anos.

Por esses tempos, governava o reino de Marrocos Abul Hassan. Pensa este valente monarca conquistar o poderio perdido na península. Conjugando os seus esforços com o rei de Granada, iniciam grande ofensiva contra os reis peninsulares. Afonso IV de Portugal, avisado da situação por sua filha, dona Maria – casada com o rei de Castela, Afonso XI – corre a prestar ajuda na defesa Peninsular. A travessia das tropas muçulmanas no Norte de África para a península demora mais ou menos cinco meses. A avalanche de mouros é enorme. A invasão parece iminente. O rei de Portugal prepara os seus exércitos para a defesa não só da península, mas também de Portugal. Em 30 de outubro de 1340, defrontam-se as duas grandes potências. De um lado, Portugal e Castela e, do outro, Marrocos e Granada. Convenciona-se do lado das tropas peninsulares que os castelhanos atacariam as tropas do rei Abul Hassan, e os portugueses atacariam as tropas granadinas.

Choque violentíssimo: portugueses e castelhanos sabiam da importância desta vitória para salvar a península da invasão mourisca. Avançam as tropas cristãs, atravessam o Salado e esmagam impiedosamente o inimigo comum. Na frente dos seus exércitos o nosso Afonso IV mostra a sua bravura. Cobre-se de glória com tal fúria que o inimigo não resiste ao impulso e, numa debandada total, foge em confusão; foi o fator principal da vitória das tropas peninsulares.

Batalha ganha, inimigo completamente desbaratado. Nem por isso o bravo rei de Portugal se aproveita do largo espólio dos vencidos. Fica com alguns prisioneiros mais ilustres, uma ou outra espada cravejada de diamantes ou alguma jóia.

Dinheiro nada quer. Valeu-lhe este grandíloquo feito de armas, o título de "Bravo". Bravo pelo destemor que enfrenta os infiéis de Cristo, razão maior do seu empenho em defender o terreno peninsular.

Seu filho, D. Pedro, futuro rei dos portugueses, casara em 1339, com dona Constância Manuel, filha de D. João Manuel de Castela, príncipe de Vilhena e Escalona, duque de Peñafiel, tutor de Afonso XI de Castela. Com o séquito da princesa castelhana, veio uma dama de companhia de nome Inês de Castro, cuja beleza logo encantara o príncipe de Portugal. Apaixona-se o príncipe pela formosa Inês. Vivem em concubinato.

A rainha ainda pretende antepor algumas barreiras para desviar as atenções do futuro rei. Nenhuma força convence D. Pedro a deixar a sua bela Inês. A família de dona Inês é muito poderosa em Castela. Chegam a propor a D. Pedro a Coroa de Castela e destronar o filho de Afonso XI. Não aceita D. Pedro. Porém, D. Afonso IV antevê quanto é perigoso para a Coroa portuguesa a ligação do filho com tal gente; ainda mais que dona Inês insiste com D. Pedro para que aceite a ideia de Álvaro Pires de Castro em tentar conquistar o trono de Castela. Intrigas são urdidas junto ao nosso príncipe.

Dona Constância já havia morrido. Tenta em vão D. Afonso IV uma esposa para o filho. Este não consente em se casar, está deveras apaixonado por dona Inês. Certo dia, D. Afonso em companhia de alguns fidalgos vão fazer uma caçada perto de Coimbra, onde dona Inês estava vivendo nas casas pertencentes ao Mosteiro de Santa Clara. Apresenta-se ali o rei de Portugal com seus companheiros de caça, em 1355. E na presença dos três filhos menores faz com que a degolem.

Cometera-se um crime? Certamente, à luz do espírito de humanidade, que sim. Todavia, a trama de que estava sendo vítima o príncipe de Portugal era com certeza um crime de maiores proporções, capaz do induzimento à guerra com Castela, cujo herdeiro era sobrinho de D. Pedro. Segue o monarca português o ordenamento jurídico; dos males o menor, visa tão somente ao benefício de Portugal, mesmo custando o sangue de uma pobre mulher inocente.

Avisado do ocorrido, D. Pedro volta-se contra o pai. Algumas escaramuças e violências ainda ocorrem. Entretanto, os amigos de D. Pedro logo o fazem persuadir de que não deve levar avante a ideia fixa de uma guerra contra o próprio pai. De fato outro valor mais alto se levanta. D. Pedro é uma figura humana. Pensa na nação portuguesa; faz as pazes, em Canaveses, acabando de vez com as rixas existentes. Perdoamse mutuamente. D. Afonso parece que é sincero, D. Pedro apenas contemporiza quanto aos executores de Inês. Passado alguns anos morria o Bravo da Batalha do Salado, deixando um reino fortalecido para seu sucessor.

O Justiceiro D. Pedro I

Chamam-lhe de cru! Outros de justiceiro! Na verdade, se fazer justiça com as próprias mãos é ser cru... Parece irreversível esta premissa. Entretanto, parece mais justo chamá-lo de justiceiro, uma vez que os exemplos por si só levam a crer, numa distribuição de justiça equânime a todos. D. Pedro I subiu ao trono de Portugal dois anos após o episódio de dona Inês. Carrega consigo o signo da justiça, além do mais se lhe oferece uma oportunidade para castigar os assassinos de sua amante idolatrada.

Simultaneamente, governa Castela um outro Pedro. Este sim; este parece que era cruel e desequilibrado. D. Pedro de Castela sabia de alguns fidalgos que conjuraram contra ele e se refugiaram em Portugal. Pede então ao rei de Portugal a troca dos refugiados em Portugal pelos executores de dona Inês. Fez-se a extradição dos envolvidos na macabra morte da amante de D. Pedro pelos castelhanos fixados em Portugal. Diogo Lopes Pacheco ainda consegue escapar, avisado que foi por um mendigo. Mas Álvaro Gonçalves e Pero Coelho foram trazidos para Portugal.

Materializada a certeza de serem estes os executores da morte de Inês de Castro, arranca D. Pedro, com suas próprias mãos, o coração de Pero Coelho pelo peito e, numa exclamação de terror, diz: – A ti, Álvaro Gonçalves, arranco o pelas costas! ... Cena de um ser que tanto amor tinha para dar ao ente querido e amado e que lhe fora roubada no desabrochar da vida.

Pensa o rei de Portugal em como reabilitar o seu infortunado amor. Proclama Inês de Castro como rainha dos portugueses (depois de morta, foi rainha). Mais uma página alegórica era escrita na história de Portugal. Num cortejo fúnebre, de Santa Clara a Alcabaça, o corpo frio da bela Inês foi trasladado. Depois, sentou a no trono e mandou que os súditos lhe beijassem a mão em sinal de obediência.

D. Pedro foi o verdadeiro paladino da justiça em Portugal. A instituição do Beneplácito Régio é uma autoafirmação do poder real. D. Pedro, generoso, autêntico, justiceiro, simples, amigo do povo, era também severo quando precisava aplicar a justiça.

Assim foi o seu comportamento com o bispo do Porto, quando este não quis observar as ordens emanadas do rei. Fê-lo despir em praça pública e ali mesmo o açoitou. O escudeiro Álvaro Rodrigues de Grade foi enforcado porque cortou os arcos de uma pipa de vinho de um lavrador e outros episódios semelhantes.

O reinado de D. Pedro foi muito curto, com término em 1367, mas muito profícuo para fortalecer a monarquia e o Estado português. O rei de Portugal, entre os grandes potentados, era temido, porém, querido entre os humildes que tanto amara. Numa mão o gládio, na outra as dádivas. Assim foi este que a história lhe atribuiria o cognome de Justiceiro, Cru ou Cruel.

D. Fernando, o Formoso

Fortalecido o reino de Portugal por haver passado muitos anos sem as lutas peninsulares, e também pelo aperfeiçoamento da administração pública, sobe ao trono de da nação Fernando, filho de D. Pedro I.

Figura impressionante pelo porte atlético e ainda pelas feições delicadas, diz o cronista Fernão Lopes: "Havia bem composto corpo e de razoada altura, formoso em parecer e muito vistoso; tal que, estando cercado de muitos homens, posto que conhecido não fosse, logo o julgavam por rei dos outros".

Já no início do seu reinado, se vê envolvido numa trama política castelhana. Henrique de Transtâmara, irmão bastardo de D. Pedro de Castela, numa cilada manda matar o irmão para usurpar o trono. Alguns fidalgos castelhanos, indignados com a atitude do bastardo, convidam D. Fernando – por ser neto de Sancho –, o Bravo, para vir ocupar o trono castelhano. Não segue o formoso a mesma linha de seu pai, quando fora convidado por Álvaro Pires de Castro para ir fazer guerra a Castela.

Nos preparativos do confronto, mesmo sem a prudência necessária, o rei de Portugal faz alguns tratados de paz com certos vizinhos peninsulares. Trata, por exemplo, com Pedro IV de Aragão uma aliança de paz com uma promessa de casamento com a sua filha a infanta dona Leonor. Com o rei mouro de Granada também consegue um pacto de não agressão. Enfim, prepara-se para enfrentar os castelhanos. Em julho de 1369, invade a Galiza, sendo recebido festivamente pelos políticos contrários ao usurpador Transtâmara. Entretanto, este invade Portugal, cercando Guimarães e tomando

Braga. Acode D. Fernando a dar-lhe combate, mas o castelhano se retira. Mais duas vezes invade D. Fernando o reino de Castela, mas infelizmente a sorte das armas não favorece as tropas portuguesas. Sai o nosso príncipe derrotado, inferiorizado e humilhado das campanhas guerreiras em que se meteu. Finalmente, o papa Gregório XI envia dois embaixadores para restaurar a paz. Estabelece-se, então, um acordo de paz no ano de 1371, em Alcoutim, ficando combinada a restituição das áreas conquistadas a cada um dos reinos, comprometendo-se D. Fernando a casar com outra Leonor, só que esta é de Castela.

D. Fernando, que já assumira compromisso de casar com Leonor de Aragão, agora acaba de assinar um acordo que condiciona a paz desde que case com Leonor de Castela. Entretanto, outra Leonor é a eleita do seu coração. Esta última será finalmente a vencedora? Parece que sim. Encontra a D. Fernando no meio das damas da infanta dona Beatriz. É casada com João Lourenço da Cunha. Reclama este a presença da mulher bastante tempo ausente na corte. D. Fernando impede que Leonor vá com o marido. Promete à irmã Maria Teles que casará com Leonor Teles. Obtém a anulação do casamento de João Lourenço com Leonor sob o pretexto de haver parentesco. Enfim encontra o caminho favorável para saciar seus amores.

O rei Formoso está loucamente apaixonado. A notícia espalha-se repentinamente por todo o reino. O rei de Portugal não casará nem com a Leonor de Aragão, nem com a Leonor de Castela, mas sim com a Leonor Teles. O povo sai às ruas, faz uma grande concentração em frente ao Paço Real e entre vários protestos, improvisam um tribuno da plebe. O alfaiate Fernão Vasquez ressalta as más qualidades de Leonor Teles como mulher. Manda D. Fernando um seu familiar atender a turba enfurecida; promete-lhe que o rei não casará com Leonor Teles. Marca o rei outro encontro para estabelecer um acordo. O povo confia no soberano e debanda. Porém, quando vão ao encontro do rei na hora aprazada, este já havia fugido com a sua Leonor para se casar no Mosteiro de Leça do Bailio.

Chamam-lhe de inconstante! Não nos parece ser D. Fernando inconstante. Achamos até grande constância no seu procedimento. Não casa com Leonor de Aragão; não casa com Leonor de Castela – princesas das mais prendadas da península – mas casa com Leonor Telles, mulher de má fama, porque é constante, porque gosta, porque ama, porque enfim, sente a felicidade em estar com esta mulher. Por isso, achamos que o formoso ou inconstante era constante no seu sentimento mais profundo, que é o amor.

No plano administrativo mostrou-se D. Fernando um

profundo conhecedor dos seus deveres. A "Lei das Sesmarias", por exemplo, deu grandes benefícios ao reino. Esta lei, pode-se dizer, foi uma reforma agrária estabelecida em todo o País. A proteção à marinha mercante, também de grande cunho social e desenvolvimentista, foi da mais alta relevância para a Nação.

Vê-se, desde logo, nos primórdios da nacionalidade, um sentido patriótico. A unidade nacional é sempre preservada. Percebe-se, desde o início da independência, uma forte união entre governo e Nação. Desde os primeiros momentos da nacionalidade sentimos a força de um governo centralizado de onde emanava todas diretrizes governamentais, características dos países da Idade Moderna. O sistema de governo de Portugal, em plena Idade Média já continha caracteres semelhantes aos países modernos.

A Rainha Leonor Teles e o Mestre de Avis

A morte prematura de D. Fernando, em 1383, sem deixar um filho varão para subir ao trono, trouxe à nação grande preocupação. D. Fernando deixara como herdeira sua filha dona Beatriz, que era casada com D. João I de Castela. Segundo o costume da época, não havendo pretendente ao trono filho varão, presumiam-se herdeiros os maridos das princesas. O rei de Castela assim desejava. A mãe de dona Beatriz, dona Leonor Teles, viúva de D. Fernando, também desejava que o genro se sentasse no trono de Portugal. Entretanto a grei não aceita ser governada por um rei estrangeiro, ainda mais castelhano! Povo com o qual os portugueses haviam sustentado várias guerras. Mas dona Leonor não se dá por vencida; tenta manipular e conquistar as simpatias do povo e de alguns fidalgos importantes da corte. Um forte sentimento popular se sobrepunha às intenções da rainha. Todos! O povo, os nobres, o clero, enfim... Na corte não havia ninguém que não soubesse das simpatias amorosas entre a rainha e o fidalgo castelhano João Fernandes Andeiro. Este fato teve grande influência para a incredibilidade da rainha junto às massas populares. Comprovado o mau comportamento da regente, imediatamente são traçados planos para a sua derrubada do poder.

Alguns fidalgos mais importantes deram o grito de alerta. O povo descontente saiu às ruas empunhando as armas que tinha. Juntam-se outras figuras proeminentes do reino. Esperam encontrar alguém entre os portugueses que comande os destinos da Nação. Todos são unânimes em não entregar os seus destinos nas mãos daqueles que já demonstraram ser inimigos dos portugueses.

Eis que entra em cena um homem cujo bom senso e serenidade deverão defender os portugueses da desonra e da usurpação da liberdade.

Filho de D. Pedro I, "O Justiceiro", e de Teresa Lourenço, corre nas veias deste nosso futuro monarca o mais puro sangue de portugalidade, além disso, é detentor de uma imensa fortuna. Mestre da Ordem de Avis, poderosa ordem sediada no Alentejo, fundada por D. Afonso Henriques, dotado de grandes predicados morais e intelectuais, é visto pelos nacionais como sendo a única salvação da independência nacional.

O Mestre de Avis, ainda em vida de seu irmão, já era muito respeitado entre muitos fidalgos portugueses, não só por ser irmão do rei, mas também pela sua inteligência, vivacidade e capacidade organizadora.

Na falta de um filho varão de D. Fernando, vale como opção para os portugueses a escolha de um descendente da família real que seja português. Alguns fidalgos logo apontam D. João, Mestre de Avis, como o melhor candidato ao trono de Portugal. O clero também simpatizava com D. João. O povo, então, delirava em simpatias com o Mestre de Avis. Assim vai crescendo a popularidade do jovem D. João no conceito de toda nação portuguesa.

Dona Leonor Telles não desconhece esta popularidade. A rainha regente não se descuida um só instante de manobrar a política nacional em favor de sua filha dona Beatriz. Sabedora da grande influência do Mestre de Avis nos diversos setores da vida política e pública do reino, sabendo também da sua estada em Lisboa, manda o chamar ao paço, a fim de lhe incumbir determinada missão. Apresenta-se D. João à rainha para receber ordens. Entretanto, a missão que a rainha deveria incumbi-lo era mais um pretexto para afastá-lo da corte. Consegue o seu intento. Convence D. João a retirar-se para os seus domínios no Alentejo, afastando o de Lisboa, centro nevrálgico das atividades políticas e administrativas nacionais.

D. João já se encaminhava para suas terras, quando alguns fidalgos, percebendo a manobra da rainha, correm a interceptar o mestre e expõem com veemência os planos políticos desta, tentando persuadi-lo a não retirar-se de Lisboa. Após algumas discussões acirradas, estes convencem o mestre a voltar a Lisboa e já elaboram um plano para desfazer de uma vez por todas a teia política urdida pela regente.

Planejam, em primeiro lugar, vingar a honra de D. Fernando. Era necessário matar o vilão Andeiro. Pela sua sensatez, cabe a D. João o início das ações. O mestre, acompanhado de Nuno Álvares Pereira e de mais alguns fidalgos nacionalistas, marcha para Lisboa com o intuito de tomar o poder, se necessário, pela força. Invadem o paço real e em ato contíguo é assassinado o conde de Andeiro pelo próprio D. João. A rainha, apavorada e desorientada, foge para Santarém de onde pede auxílio militar a seu genro D. João de Castela. Politicamente ficou esvaziada a causa da rainha. Se em Lisboa já era difícil a ela coordenar o movimento político, a fim de colocar a sua filha como rainha de Portugal. Em Santarém seria muito mais difícil. Nada mais se poderia fazer em questão de política quanto à sucessão. Parece que não houve nenhuma tentativa neste sentido. A decisão para saber com quem ficaria o mando da Coroa portuguesa teria de ser através das armas. Aos adeptos do mestre, também não havia outra alternativa viável.

Imediatamente os seus partidários nomeiam no defensor do reino. Estava assim lançada a grande alternativa da independência da pátria portuguesa. O Mestre de Avis era naquela oportunidade a melhor solução, era a salvação da nacionalidade, era, enfim, o baluarte, o paladino que Portugal tanto necessitava. Daqui para frente tudo será glória. A pátria portuguesa estará salva das mãos estrangeiras, e a Portugal estará guardado o destino de ser uma das nações mais gloriosas do mundo.

O Condestável Nuno Álvares Pereira

D. João, Mestre da Ordem de Avis, foi proclamado defensor do reino. Inicia-se um novo período na história de Portugal. O primeiro passo para o nascedouro de uma nova dinastia fora dado. Há necessidade da sua afirmação como rei dos portugueses, mas esta afirmação só será conseguida pela força das armas. O mestre tem um poderoso rival a enfrentar. Por certo o marido de dona Beatriz não deixará de concorrer ao trono de Portugal, sem primeiro ter experimentado a força das suas armas.

O povo estava unido em torno da causa do mestre de Avis. Todavia, ele sabia que não contava com todas as forças nacionais apoiando a sua causa. Alguns fidalgos portugueses tinham aderido aos apelos de dona Leonor Telles a favor de D. João de Castela.

Mas o mestre não desanima, ao contrário, arma-se de grande fé, no sentido prático de como deve dirigir as coisas nacionais. Sabe que não dispõe de um exército a altura do seu rival; sabe da necessidade de uma organização interna política e administrativa que dê suporte ao seu governo. Reconhece, enfim, a precariedade em que se encontra o erário do Estado. Contudo D. João, mestre de Avis, tem alguns trunfos nas mãos que pode muito bem dispor em seu favor, qual seja o desejo do duque de Lencastre como pretendente ao trono de Castela.

Já na condição de defensor do reino, enviou D. João uma missão à Inglaterra para propor uma aliança ao duque de Lencastre, no sentido de ajudar o futuro monarca português, obrigando-se D. João a prestar ajuda ao duque a fim de que este consiga o trono de Castela.

A missão foi muito bem acolhida pelo duque e a ideia ainda melhor. Imediatamente o duque mandou que os embaixadores de Portugal recrutassem as tropas necessárias para fazer face às primeiras escaramuças entre as duas nações.

Outro ato administrativo de relevante importância para a consolidação da independência foi a nomeação de D. Nuno Álvares Pereira, como condestável do reino (posto militar, abaixo apenas da chefia do rei). Talvez resida neste ato o grande triunfo da causa nacional!

Amigos desde a infância, Nuno Álvares Pereira foi o maior incentivador de D. João. A intensidade com que se dedicava à causa de D. João era inversamente proporcional à causa castelhana. Por esta nutria um ódio visceral; não os tolerava, e agora, que sentia a possibilidade de ter como rei dos portugueses um castelhano, crescia a sua aversão a tal ideia.

Nomeado Condestável do reino, não descansa enquanto não os defronta. Porém, o faz sempre com muito cuidado; em algumas lutas entre as tropas de D. Nuno Álvares Pereira e as tropas castelhanas saem os portugueses sempre vitoriosos. Estes pequenos encontros nada decidem, é preciso um confronto entre os dois exércitos para decidir com quem ficará a Coroa de Portugal. Os castelhanos assim pensam e D. João também. Entretanto, cabe àqueles acionar a sua máquina de guerra. – Nós estamos em casa! Eles que venham expulsar nos se são capazes. Os castelhanos também pensam da mesma forma. Alguns fidalgos que tinham seguido dona Leonor Telles aconselham o rei de Castela a invadir Portugal e liquidar de vez as ambições do Mestre de Avis.

O exército estrangeiro entra em Portugal. As tropas não oferecem resistência, deixam o inimigo embrenhar-se cada vez mais no território nacional. As cidades de Coimbra e Tomar fecham-lhes as portas, as tropas lusas vão ao seu encontro, porém, abstêm-se de lhes oferecer combate. Os lusos não têm

Nuno Álvares

pressa, é preciso cansar o inimigo. D. João espera Nuno Álvares Pereira em Santarém, que vem do Alentejo com sua tropa. O exército de Portugal não soma mais que sete mil homens. Da parte do inimigo vêm notícias de que as suas forças somam aproximadamente trinta e dois mil soldados. A desproporção é muito grande - quase cinco vezes mais que os lusos.

É chegada a hora de decidir! Portugal ou Castela? ... Os exércitos portugueses, mesmo em menor número, estão confiantes! Afinal, estão em casa... aproxima-se o momento final. Os portugueses comprimem os seus corações, a angústia do povo é observada em cada rosto, a incerteza os desespera.

A Batalha de Aljubarrota

Catorze de agosto de 1385. Dia de verão, com sol brilhante, calor escaldante. Sob uma densa nuvem de poeira, o exército português avista as tropas castelhanas que marcham para Lisboa. A diferença é grande. Quase cinco mil castelhanos para cada mil portugueses O estrategista luso Nuno Álvares Pereira, o Condestável, sabe da intenção do inimigo e pensa em como deve interceptar as forças. Deve primeiramente resguardar as suas tropas para que, por serem em menor número, estas suportem os primeiros ímpetos do inimigo. Forma um quadrilátero com os seus exércitos entre dois rios. Os castelhanos ainda pensam em não dar combate e marchar sobre Lisboa.

Nuno Álvares provoca os. Os espanhóis não aceitam provocações por ser julgarem em maior número. Resolvem atacar! O terreno é favorável às tropas portuguesas. O Condestável, na sua religiosidade e no prelúdio do grande embate dos dois exércitos, só pensa em orar! Orar para que Portugal saia independente deste póstero que só a Deus pertence. Ora! ... E nesta oração fervorosa parece conversar com Deus. Depois, depois, a história dirá quem melhor estava preparado para o combate final. Os lusos são somente sete mil, os castelhanos são aproximadamente trinta e dois mil. A diferença é muito grande. Quase cinco mil castelhanos para cada mil portugueses.

É grande a pompa dos castelhanos. Muitos fidalgos portugueses estavam do lado de Castela. Entretanto, o exército nacional também contava com grandes valores do lado inglês que, a pedido de D. João, tinha vindo auxiliar o defensor do reino. Os ingleses, muito experientes na arte de guerrear, aconselharam Nuno Álvares a abrir umas valetas (covas de lobo) no terreno, onde provavelmente o inimigo atacaria.

O dia já estava terminando, o sol já declinando no poente, quando repentinamente os castelhanos, num alarido ensurdecedor, investem contra os lusos. Ouviram-se os primeiros embates dos cavalos e seus cavaleiros contra o terreno ao caírem. As valas abertas tinham surtido efeito. O inimigo, ao avançar na fúria desesperadora de vencer, não cuidou de averiguar as condições do terreno. Assim os primeiros cavaleiros foram esmagados pelos segundos e estes pelos terceiros e assim sucessivamente, até que se formasse um mar de sangue. Os gemidos de dor e morte espalhados pela atmosfera formavam um quadro horripilante. Ainda assim o exército castelhano investe com grande ferocidade contra os lusos. Chega a abrir passagem entre nossas tropas.

Entretanto, tão logo os comandantes observam o perigo iminente, correm em socorro para que não sejam abertas brechas no exército português. A este iminente perigo acodem logo de pronto D. João I e a ala dos namorados. O combate torna-se medonho, furioso, algo de fazer tremer qualquer observador por mais frio que fosse.

Da parte dos castelhanos tombam alguns dos mais ilustres cavaleiros, entre outros, está João Afonso Telles (irmão da rainha), Pedro Álvares Pereira (irmão de Nuno Álvares Pereira), e outros fidalgos portugueses que estavam a serviço dos estrangeiros. Da parte lusa também caem alguns fidalgos no campo de batalha. Mas os grandes vultos da tropa estão atentos ao desenrolar dos acontecimentos. Nuno Álvares Pereira, D. João e muitos outros fidalgos não dão trégua aos inimigos. Onde mais as forças necessitam de ajuda lá estão eles a dar combate ao invasor.

A vitória por fim vem brindar os portugueses. O intimorato exército nacional, mesmo em muito menor número, põe os pomposos castelhanos em fuga. A pátria mais uma vez, pela força indômita dos seus filhos, fica a salvo do domínio do estrangeiro. A batalha de Aljubarrota solidificou a independência da nação portuguesa, bem como delimitou as fronteiras do País que, aliás, "são as mais antigas da Europa".

O dia 14 de agosto tem um enorme sentido para o limiar da Idade Moderna. Portugal ganhou a soberania nacional e o mundo se beneficiou por ser esta nação que, num futuro muito próximo, irá dar novos mundos ao mundo. Se os portugueses não tivessem salvo a sua independência, os descobrimentos marítimos ter-se-iam arrastado por mais alguns séculos?

A cadeia dos acontecimentos se entrelaça entre si. Isto é fato inconteste. A subida ao trono de Portugal do rei D. João I, em 1385, teve como consequência o seu casamento com dona

Filipa de Lencastre e a "Ínclita Geração", causa e origem dos descobrimentos marítimos. D. João I inaugura a Dinastia de Avis e falaremos detalhadamente de seu governo no Capítulo IV.

Não podemos nos esquecer que os descobrimentos marítimos, iniciados pelos portugueses, não foram em benefício somente destes! O mundo inteiro foi beneficiado com este evento, quer economicamente, quer culturalmente, quer cientificamente. Eis, portanto, a razão de dizermos que o mundo se beneficiou com os acontecimentos de Aljubarrota.

III – Idade Moderna

A HISTÓRIA TEM ENFATIZADO QUE o início da Idade Moderna se deu em 1453, ano da tomada de Constantinopla pelos turcos. Realmente este evento produziu certos efeitos e consequências nos países da Europa, especialmente na Itália, França, Alemanha, Inglaterra, Espanha e Portugal.

Faremos aqui uma interrupção ao desenrolar do capítulo anterior, que será retomado logo adiante, com a dinastia deixada pelo Mestre de Avis, denominada como "Ínclita Geração". Queremos agora relativizar os marcos que historiadores estabeleceram para a Idade Moderna, cujo término se dá com a Revolução Francesa, em 14 de julho de 1789, dando passagem à Idade Contemporânea, que se estende até nossos dias.

Constantinopla, capital do Império Bizantino, era na época o maior entreposto comercial entre a Ásia e a Europa. Genoveses, venezianos e até os bascos detinham o monopólio comercial entre os dois continentes. Ali eram negociadas especiarias, sedas e peles que vinham da Ásia. Negociados eram também metais preciosos como ouro, prata etc.

Muito antes desta data, os turcos já haviam tentado conquistar aquela praça, porém sem êxito, pela excelente posição em que a sua defesa se encontrava. A cidade, muito rica pelo movimento comercial, atraía grandes contingentes de forasteiros que ali se fixavam definitivamente, chegando sua população a atingir cerca de 600 mil habitantes.

Sem infra-estrutura sanitária, começam a aparecer epidemias, umas após outras, dizimando de tal forma a população de Constantinopla que, no ano da sua tomada, contava apenas com 200 mil habitantes. Na sua maior parte eram doenças endêmicas, tornando os imprestáveis para formarem um exército capaz de fazer frente aos invasores. Aproveitando-se da fraqueza e da situação precária em que a cidade se encontrava, os otomanos investiram contra a grande metrópole e a conquistaram. Em seguida, como já haviam feito com o Norte da África, fecham e impedem o comércio com a Europa.

Os historiadores dão como implícito o fato da mudança da Idade Média para a Idade Moderna a conquista de Constantinopla. Nós não concordamos. Explicamos o porquê!

Não concordamos porque, como foi em 1453, poderia ter sido em 1385 ou em 1485, ou qualquer data, a tomada do grande entreposto oriental. A queda desta grande cidade talvez determinasse consequências e não mudanças.

Este acontecimento, e aí está a essência do problema, impôs necessidades aos países da Europa Ocidental. Necessidades basilares à sua independência, ao seu fortalecimento interno, à sua integridade geofísica etc.

O exemplo de Constantinopla viria intimidar os reinos da Europa, que se encontrava dividida, inerte e à mercê de invasões. E qual seria a fórmula dos reinos europeus enfrentarem os invasores? A união? – Sim! A união tão carente nestes tempos nas cortes europeias. A união deveria se dar em torno de um único monarca e comandante, uma única fonte de diretrizes, e um chefe de todos os exércitos. Dele deveriam emanar todas as ordens de um poder central, de leis justas e abrangentes que todos, ricos e pobres, ficassem sob sua égide. O Estado deve trazer em seu bojo leis para todos cumprirem. Comandantes e comandados devem ser alienados ao Estado, devem obedecer às ordens que a nação escolhesse para comandá-los. Seria vedado a qualquer um, por mais poderoso que fosse, constituir um Estado dentro de Estado.

Esta unidade de comando, de patriotismo, esta ciência de nacionalidade, enfim, o amor à pátria, são de fato as determinantes da passagem da Idade Média para a Idade Moderna. A tomada de Constantinopla talvez fizesse com que os monarcas europeus se apercebessem desse sentido de pátria, que até então não havia. Mas apenas dizer-se que se mudou todo um conceito, um processo de civilização, isto nos parece absurdo.

A Idade Moderna foi antes de tudo uma reforma das instituições governamentais na medida em que as nações tomaram ciência de que fatos novos lhes causariam mais ou menos prejuízos. Não resta a menor dúvida de que a tomada de Constantinopla aos reinos cristãos modificou toda a estrutura comercial e cultural a toda Europa. Mas também não é menos verdade que, muito antes deste acontecimento, os portugueses já haviam modificado o conceito do hemisfério.

Não é menos verdade que grande parte da costa africana havia sido navegada pelos portugueses ao tempo da tomada da grande capital oriental. Estes fatos por si só podem até mudar uma época. As navegações acreditamos que dessem origem a mudar os conceitos de civilização, mas nos parece um tanto errônea atribuir-se essa mudança à tomada de uma cidade. Talvez três acontecimentos tenham provocado esta mudança.

Primeiro, as navegações por terras nunca antes navegadas; segundo, a tomada do grande interposto comercial de Constantinopla; terceiro, a unidade nacional necessária em torno de um único chefe político em cada reino da Europa Ocidental. Este conjunto de hipóteses acreditamos tenha sido o grande passo de transição de uma para outra época, isto é, da Idade Média para a Idade Moderna.

O enfoque dado ao sentido de nacionalidade, cujos povos não se tinham apercebido, despertara muito antes no povo português. Após a conquista definitiva do Algarve, no ano de 1249, por D. Afonso III, Portugal ficara com as suas fronteiras definitivamente delimitadas (aliás, as mais antigas da Europa), dando origem ao país. Vencidos os mouros, passaram estes a falar a língua comum que era o português. Aos poucos vão assimilando o mesmo credo religioso e, por fim, aceitam os usos e costumes dos vencedores. Mas tudo isto não causa novidade, posto que todo Portugal já havia pertencido aos mouros.

Assim constituída a nação portuguesa sob a égide de um único monarca, professando o mesmo credo religioso, falando o mesmo idioma e com os mesmos usos e costumes, nada mais temos a acrescentar do que seja nacionalidade. Os meios de comunicabilidade, a língua, a grafia tiveram, ao tempo de

D. Diniz, aprimoramento e aperfeiçoamento, bem como a sua oficialização, com o advento da fundação da Universidade de Coimbra, que tanto orgulha o povo luso.

O que faltaria aos lusitanos para formarem uma nação com características modernas? Nada, ou quase nada. Talvez faltasse mais unidade nacional. Talvez faltassem, até a investidura de D. João I (como rei de Portugal), homens na cúspide do governo que dessem um suporte de comando à altura nacional. Faltava austeridade, firmeza e rigidez para governar a coisa pública. Estas pequenas falhas dos governos anteriores roubavam-lhes os caracteres de nação devidamente organizada. É certo haver um governo central de onde eram expedidas as ordens do reino.

Entretanto, os grandes potentados sempre ou quase sempre não as cumpriam, gerando desta forma o Estado dentro do próprio Estado. Destarte, faltava ao rei um poder de coerção sobre os vassalos. A falta deste poder obstruía o rei de governar com poderes absolutos, que justamente são as características dos Estados Modernos.

Consolidada a independência da nação pela derrota dos castelhanos em Aljubarrota, é chegada a hora de reorganizá-la. Os últimos acontecimentos políticos haviam dividido o país.

Urgia, por consequência, unificar todas as forças vivas do reino.

Esta tarefa política cabe exclusivamente ao defensor do reino. Imediatamente são convocadas as cortes de Coimbra para dar legitimidade jurídica ao que se tinha conseguido nos campos de batalha. Sim, se se tinha conseguido a independência pela força das armas, era preciso consignar isso em termos puramente jurídicos. Se, de um lado, os lusos contavam com Nuno Álvares Pereira à frente de suas forças armadas a conquistar a independência nos campos de batalha, de outro lado contavam também com valores da mais alta envergadura no campo do Direito e das leis, para justamente dar legitimidade jurídica e legalidade ao País.

Reunidas as cortes para o fim específico de aclamar o novo monarca que irá reger os destinos da nação, é este ato solene de posse abrilhantado com um monumental discurso proferido pelo mais brilhante jurista do seu tempo nas cortes nacionais, o Dr. João das Regras. Esta figura exponencial da cultura portuguesa, grande homem de letras nacional, que tanto lutou para ver Portugal em lugar de destaque no conceito das nações, encerrava com discurso memorável, que dava juridicidade à posse de D. João I (Mestre de Avis), como primeiro mandatário da nação portuguesa.

Só a eloquência do Dr. João das Regras poderia brindar este ato tão solene. A nação inteira vibrou com a oração do grande mestre da palavra. De Trás-os-Montes ao Algarve o povo se jubilou com o acontecimento. A coroação do monarca veio estabilizar politicamente, juridicamente e administrativamente a nação portuguesa. O Dr. João das Regras foi ovacionado pelo seu saber jurídico, pela sua eloquência, enfim, pela sua ilibada reputação de jurisconsulto. A nação portuguesa viveu momentos de euforia. Os traidores da pátria acompanharam a ultrajadora e desonrada Leonor Telles. A nação, mais uma vez, tinha sabido desvencilhar-se da corrupção, da usurpação, da traição, para enveredar por caminhos honestos e patrióticos. Entrava, portanto, numa nova época histórica.

Realmente o comportamento do novo monarca na direção da coisa pública era totalmente diferente dos tempos de seus antecessores e, muito especialmente, daqueles em que dona Leonor Telles era regente.

O agora rei dos portugueses, D. João I tinha assumido um compromisso com o duque de Lencastre. Se chegasse ao trono de Portugal, casar-se ia com uma das filhas do duque. Esta promessa fora feita quando D. João pedira auxílio àquela ilustre casa inglesa para combater os castelhanos. Por isso, ao assumir o governo do país, um dos primeiros atos do novo monarca foi cumprir este solene compromisso.

Das filhas do duque foi escolhida para ser rainha dos portugueses dona Filipa de Lencastre. Ao mesmo tempo foi estabelecida uma aliança entre Portugal e Inglaterra, aliás a aliança mais antiga entre duas nações da Europa.

Portugal tinha agora no comando dos seus destinos um rei de grande poder de percepção na difícil arte de governar. O rei era a figura central do poder. A seu lado a esposa dona Filipa de Lencastre (cuja estima e admiração logo soubera conquistar dos portugueses), dotada de grandes virtudes, neta de Ricardo II da Inglaterra, veio ocupar e dividir com o novo monarca as lides palacianas da corte de Portugal.

Com efeito, o novo monarca, ainda muito jovem, tinha pela frente uma tarefa difícil, mas muito peculiar. E por que peculiar? Afinal não era o rei o chefe supremo da nação portuguesa? Disto ninguém duvida. Entretanto, é bom lembrar que ele teve contra si grandes e eminentes figuras do governo anterior (inclusive dois irmãos de Nuno Álvares Pereira). Então, esta tarefa de promover novas figuras para a corte tornava-se trabalho árduo, reflexivo e difícil. Aqui também temos que, mais uma vez, evidenciar as grandes virtudes da rainha, dona Filipa de Lencastre. D. João cercara-se de bons e eminentes conselheiros, porém, nunca o monarca deixou, antes de tomar qualquer decisão política ou administrativa, de se aconselhar com sua mulher. Vale dizer: Dona Filipa era conselheira permanente do rei.

Na difícil tarefa de governar a nação, contava D. João com figuras da melhor reputação e inteligência. Algumas destas figuras já tivemos oportunidade de nos referir, como por exemplo: Nuno Álvares Pereira, chefe supremo dos exércitos de Portugal; e Dr. João das Regras, jurisconsulto e orador dos mais ilustres, elevado ao cargo de chanceler mor do reino. Além destes, tomaram parte nas diretrizes da nação outros tantos homens de reconhecida capacidade: João Afonso de Azambuja (tesoureiro mor), os doutores Fernando da Silveira, Afonso Anes, Gil Martins, Vasco Perez, Gil de Ocem, Álvaro Pires, João Mendes, Martim de Ocem (irmão de Gil de Ocem, chanceler mor de D. Duarte), Vasco Gil de Pedroso, Vasco Fernandes, seu irmão Rui Fernandes e o argutíssimo Diogo Afonso Manga Ancha e tantos outros que não nos ocorre agora mencionar.

Com esta plêiade de homens, mais o clero que ficara do lado de D. João na disputa do trono, é oportuno mencionar que grande parte da nobreza apoiou o Mestre de Avis. Estes

Dom João I de Portugal

também deram e foram o grande sustentáculo de D. João nos destinos da nação.

Os novos integrantes da corte, além de gozarem de grande prestígio popular, foram em seu tempo as mais altas autoridades em seu campo de trabalho. A nova administração fora buscar, para administrar a coisa pública, homens que tinham realmente capacidade. O novo monarca despiu-se do protecionismo, a fim de valorizar aqueles cuja capacidade organizadora ou administrativa já haviam demonstrado na vida privada.

A unificação do poder em Portugal e na Europa nos séculos XIV e XV

D. João tinha alguns compromissos com o clero e em especial com alguns nobres. Contudo, estes não eram tão poderosos que pudessem obstruir o rei em manipular o poder político e administrar a coisa pública a seu livre alvedrio. Enfatizamos mais uma vez e é preciso que isso fique bem claro:

Quem detinha realmente o poder era o rei. A concentração de todos os poderes estava enfeixada em suas mãos. A nação era una; o rei era ao mesmo tempo chefe do Estado e chefe do governo, vale dizer, o poder era centralizado. As diretrizes políticas emanavam do poder real. Isto, pois, assemelhava-se em muito à concentração de poderes das monarquias europeias nos primórdios da Idade Moderna. Aliás, esta concentração de poderes foi a faceta principal da mutação de eras.

Então, poder-se-ia dizer, Portugal, já ao tempo de D. João I, era uma monarquia governada em moldes da Idade Moderna. Se se levar em conta que o País já tinha os contornos geográficos de hoje – era governado por um único poder, qual seja a monarquia absolutista de D. João –, então nada faltava para se equiparar às nações da Idade Moderna. Já o mesmo não se pode dizer da Espanha, que só teve as suas fronteiras completamente delineadas em 1492, ano em que conseguiram unificar todo o país com a conquista de Granada aos mouros. O mesmo se pode afirmar de todas as outras nações da Europa Ocidental. Tal como França, Alemanha, Inglaterra, Itália etc.

A grande verdade é que todos estes países têm seus contornos geográficos e fronteiras um tanto obscuros a época que nos reportamos e, quanto à condução política, era também conduzida por vários chefes e partidos. Exemplo desta afirmativa é a Inglaterra durante a Guerra das Duas Rosas entre os Iorques (rosas brancas) e os Lencastres (rosas vermelhas). Os dois partidos envolvem-se num conflito que durou aproximadamente 20 anos, vindo finalmente a ocupar o trono Henrique VII.

Na Alemanha, os príncipes também não se entendiam. A Bula de Ouro, de 1356, confiou a eleição a sete príncipes sem a intervenção do Papa. Este modelo de escolha infelizmente não obteve os resultados esperados, por falta de um poder central, organizado e firme. Em detrimento desta divisão e também pelo hábito da independência, as cidades mais progressistas organizaram-se e formaram a Liga Hanseática. Ora, a falta de um governo central, cujo comando estivesse a cargo de um único rei com poderes para resolver questões de interesses puramente nacionais, fez com que este se dividisse em pequenos principados, que fugia totalmente aos caracteres dos países da Idade Moderna. A Alemanha era, consequentemente, um país dividido, fraco e sem expressão no contexto das nações.

A França, por sua vez, tinha a dividi-la a grande rivalidade entre os borguinhões e os armagnacs envolvidos numa interminável guerra civil na disputa pelo poder. Além destas lutas internas, ainda sustentava uma guerra contra a Inglaterra (Guerra dos Cem Anos), tornando mais difícil a tarefa dos governantes em manter a unidade nacional e, portanto, um Estado poderoso. A confusão era de tal ordem que algumas cidades do norte, pela falta de apoio à indústria têxtil, passaram para o lado dos ingleses, combatendo os seus compatriotas.

Esta França, que mais tarde seria uma grande nação, era, ao tempo de D. João I de Portugal, uma nação dividida, pobre, desgovernada, enfim, sem condições administrativas mínimas de ser um Estado moderno. Apesar de ter tudo para ser uma nação forte, a França desta época, era uma nação fraca. Mas isto é assunto para outro capítulo. Por enquanto, enfatizamos que faltava a esta grande nação um rei com um único poder, como acontecia em Portugal.

A Espanha só se iniciou a organizar como país com o advento da unificação dos condados de Aragão e Castela no ano de 1469. Para nós, que defendemos a tese de Portugal ser o primeiro país Idade Moderna, é de grande significado consignar que os nossos mais próximos vizinhos só vieram a unificar o seu país no ano de 1492, com a conquista de Granada aos muçulmanos. Credencia nos, portanto, a inferir, que Portugal, antes dos países citados, já possuía uma estrutura administrativa bem mais avançada que qualquer um deles.

A Itália era uma verdadeira colcha de retalhos, tanto na parte geográfica, como na parte política, sendo o país mais dividido do mundo ocidental. A parte Norte era um verdadeiro mosaico de repúblicas inexpressivas. Assim tínhamos: Milão, governada pelos Visconti; Florença, pelos Médicis; em Piamonte, detinham o poder os duques de Sabóia. A parte sul ficara dividida entre o Papa, o reino de Nápoles e a Sicília. Outros reinados e ducados de menor expressão ainda estavam inseridos na Itália, que viria unificar-se somente no século XIX pelo patriota Giuseppe Garibaldi. Eis aí um quadro com a situação dos países da época em que D. João era rei de Portugal.

O sentido de demonstrar e narrar ao leitor estes fatos, outro não tem senão o de compararmos o que acontecia nos outros países no tempo em que Portugal já iniciara os descobrimentos marítimos e dera, com grande êxito, os primeiros passos. Entendemos, por outro lado, ser possível aos portugueses os grandes feitos marítimos, pela razão única da união nacional e pela existência de um governo central. Enfim, havia uma única nação com um comandante supremo, que nesse caso era D. João I, Mestre de Avis.

O início da Expansão com a Conquista de Ceuta

Na virada do século XIV para o XV, Portugal já é uma nação moderna e necessita de maior espaço físico para abrigar a altivez, a bravura e o arrojo de sua ousada gente. Pelo tratado firmado entre D. Afonso III de Portugal e D. Fernando III de

Castela, as fronteiras lusas não poderiam ultrapassar o rio Guadiana, na parte sul, seguindo em linha reta na mesma direção para o norte.

Assim, os portugueses ficaram impedidos do alargamento do território, uma vez que, do outro lado, tínhamos o oceano Atlântico a delimitar as nossas fronteiras. Ora, este impedimento jurídico não deixava alternativas outras aos portugueses, a não ser expandir seus domínios para além-mar.

Se já era difícil combater os muçulmanos em território peninsular, mais difícil seria sem dúvida combatê-los em seus redutos. Entretanto, Portugal, com a subida de D. João I ao trono, tinha revolucionado toda a sua estrutura governamental, mudado todos os conceitos de dirigir, enfim, tinha dado um passo a mais que outras nações da sua época. Senão, vejamos: Portugal já dispunha de uma marinha regular, com cidadãos tendo a obrigatoriedade de servi-la. Tinha um exército também regular comandado pelo condestável Nuno Álvares Pereira. E, por fim, tinha o chefe supremo de todas as forças armadas que era o rei. Assim, com a unificação de toda a nação, era possível aos portugueses partirem para feitos arrojados de igual dimensão.

Depois da trégua entre os maiores rivais na península, são chamadas todas as forças vivas da nação lusa para uma nova e audaciosa tarefa. O reino, de norte a sul, é chamado às armas. O país inteiro torna-se uma grande oficina no fabrico de armas. Um murmúrio entre toda a população passa de boca em boca. – Vai haver guerra? – Não se sabe contra quem, mas vai. O governo português não tinha interesse em divulgar o inimigo que iria defrontar; é guardado um absoluto sigilo. Só na hora de defrontar o inimigo, seria divulgado contra quem as forças iriam bater se.

A ideia de combater os muçulmanos em seus domínios partira dos próprios filhos de D. João. Embora com ideias renovadoras e reformas avançadas para a época, não nos devemos esquecer que estamos nos tempos medievos. Os filhos de D. João queriam tornar-se cavaleiros por algum feito de merecimento. Em princípio, haviam pensado num torneio ao estilo inglês com o intuito de evidenciarem as suas qualidades de destros cavaleiros e homens de armas. Mas os filhos de D. João, apesar da sua juventude, não creem nesta ideia de fingir grandes emoções.

Pensam em algo que de fato mereça ou que chame mais a atenção até do próprio pai. Pensaram em avançar pelo lado do Guadiana e fazer guerra aos mouros, que se encontravam acantonados na Andaluzia. Pensam, pensam, mas chegam à conclusão que irão certamente criar atritos mais uma vez com os castelhanos. Portugal não quer envolver-se novamente em guerras peninsulares. Deve haver um meio de glorificar a entrada dos príncipes para a tão sonhada cavalaria. Os infantes consultam todos os homens de prestígio do reino.

Surge então uma ideia: conquistar Ceuta aos infiéis. Os infantes, depois de muitas inquirições, chegam a João Afonso de Azambuja, que lhes aponta esta ideia como sendo a melhor opção. Certamente, a conquista de Ceuta (território ao norte da África, hoje com fronteiras com o Marrocos e Mar Mediterrâneo) trará à empresa um sabor de esplendor ímpar. Revestir-se á de grande pompa a grande conquista, não só para Portugal, mas para todo o mundo cristão.

A ideia do grande jurista, tomada a princípio meramente como provável, foi levada sob forma de consulta ao conselho de teólogos e letrados. O parecer destes foi favorável, pois achavam que a ideia continha no seu bojo edificante e justa razão, que era de combater os infiéis de Cristo em seus próprios domínios. Aprovada neste conselho, faltava ainda aos príncipes algumas barreiras a transpor. Era preciso consultar as mais altas figuras da corte, Nuno Álvares Pereira e finalmente a rainha e mãe dos infantes. D. João, com a prudência que lhe era peculiar, dirige-se cautelosamente aos grandes senhores do reino. Alguns ainda acham arriscada tal missão, entretanto, acabam por avalizar o plano.

Por sua vez, a rainha, quando consultada a respeito, não só aplaude como exorta os filhos e o marido na difícil tarefa que planejam. Por último, dirige-se o rei ao seu maior amigo, o das horas difíceis, o companheiro das jornadas perigosas para toda a nação portuguesa, o mais português dos homens de seu tempo, o condestável do reino, Álvares Pereira. Explica-lhe D. João I o plano detalhadamente; depois de ouvir atentamente a exposição do rei, o condestável volta-se para os circunstantes e diz: "Certamente, isto não é um plano do nosso rei, dos seus filhos, ou dos conselheiros da corte. Deve ser certamente um plano de Deus". E prontamente se oferece a D. João dizendo que estava ali para servi-lo e ao mesmo tempo servir a Deus.

Depois de tudo organizado, foi fixada a data para a largada da esquadra que levaria as forças nacionais à conquista de Ceuta. Partir-se-á de Lisboa só dia 2 de julho. Tudo está pronto e a contagem regressiva é iniciada. A nação inteira acompanhava com vivo interesse o desenrolar dos acontecimentos. Todos acreditavam na boa estreia do seu chefe. Jamais D. João deixou de usar o bom senso nas tarefas que se propôs, e por certo não seria esta que lhe faltaria com o êxito esperado.

No entanto, dentro de tantas alegrias e esperanças, algumas tristezas sempre acontecem. Uma semana antes da partida para Ceuta, isto é, em 18 de agosto de 1415, morria a rainha dos portugueses. A esposa e mãe extremosa, a dama da mais alta estirpe nacional deixava uma lacuna no coração de cada um dos portugueses. A nação chorou a sua veneranda rainha. Do leito da agonia, a soberana dos portugueses teve forças para abençoar os seus filhos e, com os olhos pregados no céu, fez o último pedido ao marido e aos filhos.

Consistia esta última vontade da rainha que não abandonassem a jornada a que se tinham proposto; que seus filhos fossem armados cavaleiros no reduto conquistado aos mouros pelo seu próprio esforço e numa causa nobre; enfim, que a nação portuguesa se enchesse de orgulho dos seus infantes, e ela, a rainha, estaria lá do alto dos céus protegendo o glorioso exército português... Mais um episódio dos mais emocionantes da história de Portugal acabava de ser escrito. Um episódio como tantos outros que fizeram a grandeza deste povo. Entretanto, não foi episódio de glória, de conquista, de bravura e sim de tristeza, de dor e de luto para toda a nação. A rainha dos portugueses mais uma vez tinha demonstrado o grande amor que dedicara à gente lusitana e, sobretudo, o idealismo português.

D. João, tristonho, cabisbaixo pela perda da esposa, não perde mesmo assim o bom senso, o elã e a ponderação que sempre o norteou. Ainda mais quando tem o dever de cumprir uma promessa feita à infeliz rainha na agonia da morte. Não se abate o monarca pela infelicidade que ronda o seu lar.

Os preparativos chegam ao seu término. Finalmente é chegado o dia tão esperado do embarque das tropas, 25 de julho de 1415. As naus partem com milhares de soldados a bordo. As tropas vão combater os infiéis fora dos domínios do território nacional. Há uma expectativa enorme entre os reinados cristãos. E a pergunta que todos fazem é: – Será que Portugal sairá vitorioso desta difícil missão? Mas não vão os portugueses combater os infiéis de Cristo? Não será isto uma causa de Deus? A olhos vistos, parece que sim. Então, a causa deverá ser bem sucedida. A vitória deverá ser nossa. Disto só há uma pessoa que tem certeza. É o rei dos portugueses: D. João I.

Por isso, não se admitem vacilações. Mesmo porque, os lusos contam, no comando de todos os exércitos, com o grande condestável do reino D. Nuno Álvares Pereira. Esta bandeira nacional, esta inteligência, este arguto guerreiro jamais deixará de conduzir os lusos a uma vitória. Assim aconteceu em Valverde, assim aconteceu em Aljubarrota e decerto acontecerá em África, mais precisamente em Ceuta, primeira base onde Portugal cravará o seu primeiro marco de expansão territorial.

Devido a dificuldades de várias espécies, somente a 20 de agosto as tropas lusas chegam em frente à cidade de Ceuta. Vinte e cinco dias foram quanto a armada nacional levou para chegar ao seu destino. Este atraso demasiado deu-se em decorrência de inúmeros acidentes ocorridos pelo mar. Felizmente todos eles superados pela vontade indômita da gente lusa.

Iniciam-se os preparativos para o primeiro desembarque das tropas a terra. Após o desembarque a tropa, pela primeira voz de comando, de ataque toma de assalto a cidade e, depois de várias horas de luta, saem os lusos vitoriosos. Valeu-lhes muito a determinação dos soldados. Debandam os mouros deixando todos os tesouros em poder dos portugueses. Entretanto, D. João não se esqueceu dos motivos pelos quais ali foi. Primeiro, fazer armar os filhos cavaleiros por algum feito de merecimento; segundo, alargar os domínios de Portugal; terceiro, combater os infiéis do senhor seu Deus.

Tomada a cidade, manda D. João transformar a principal mesquita em Igreja Católica a fim de ser realizada a cerimônia de armar os três infantes cavaleiros. Procedeu-se o ritual e o momento crucial que os príncipes tanto ansiavam. Receberam das mãos do pai as espadas que honrariam durante suas vidas e, dos presentes à cerimônia; receberam a ovação pelos feitos e glória a Portugal. Estava cumprida mais uma parte da missão para a qual o grande monarca ali se deslocara.

Agora o posto avançado em África ostentava em seus muros o glorioso estandarte português. Iniciava-se assim a primeira grande conquista lusitana fora da Península Ibérica. Outras conquistas viriam a seu tempo. A nação portuguesa dava mostras ao mundo de que estava preparada, sob todos os pontos de vista, de sua capacidade intelectual e organizadora para outras grandes conquistas. Iniciara-se a caminhada numa epopeia com milhares de páginas escritas com sangue, suor e lágrimas da mais intrépida gente lusitana. A Pátria é o maior enlevo para este punhado de guerreiros, cujo sentido patriótico estava acima de todas as coisas materiais. D. Duarte, D. Pedro, D. Henrique, os bravos infantes que pela primeira vez estiveram num campo de batalha, recebiam as armas como cavaleiros da corte portuguesa por seus feitos de bravura, pela sua audácia e glória de enfrentar os inimigos em seus próprios domínios. Os intrépidos infantes foram armados cavaleiros em terras africanas. Dia memorável aquele 25 de agosto. Dia de grande ventura para aqueles ilustres filhos de Portugal, ainda que de tenra idade, mas de grande visão do futuro. Orgulho sublime para o pai ver os moços armados cavaleiros por tão relevantes serviços prestados à Pátria. Orgulho ainda maior em saber que naqueles homens está a sequência da sua obra. Enfim, orgulho por saber que todos eles são homens de inteligência incomum, que todos eles irão dar o máximo para ver a nação portuguesa no lugar de destaque. – E os infantes? Que dizer deles?

Estes então não tinham palavras ou gestos para demonstrar a sua alegria. A simplicidade que os caracterizava deixava pasmados os seus circunstantes. Dentro de tanta singeleza, misturam-se à soldadesca e passaram o dia em brincadeiras e folgarias. Cônscios de suas responsabilidades como príncipes, nem por isso deixaram de participar das brincadeiras pertinentes aos rapazes de suas idades. Assim se foram passando os dias que se procederam a tão memorável feito.

A permanência dos exércitos portugueses em terras africanas foi apenas de uma semana. Ficara para guarnecer a praça de Ceuta, como governador, D. Pedro de Menezes (conde de Viana) e um punhado de soldados, sempre dispostos a morrer pela causa nacional. O rei regressara à pátria com o grosso dos exércitos. O povo recebeu os seus soldados com todas as honras de grandes conquistadores. O feito era apenas um balão de ensaio. Novas investidas e conquistas em terras africanas viriam mais tarde. Sim, novos horizontes, novos atos de heroísmo serão praticados pela gente lusa. Este ensaio tivera como causa principal armar os príncipes cavaleiros. Entretanto, desta viagem muita experiência fora tirada dos governantes d'antanho.

A plêiade de homens que formam o governo de D. João disto sabe tirar proveito. Feita a avaliação em termos políticos, financeiros e científicos, cada qual em seu campo dá início a um trabalho correlato. Vale lembrar que o mais alto mandatário e epicentro de todas as decisões é o rei. É na figura do rei que todos se espelham; é no carisma do rei que a nação deposita a sua confiança, é na voz estridente deste homem de ampla visão que todos confiam, enfim, é no grande depositário do bem comum que todos, ricos e pobres, entregam os seus destinos. Quando falamos em nação, queremos lembrar que todos os segmentos da sociedade portuguesa seguiam o seu monarca. Clero, nobreza e povo, através de seus representantes, rendem preito de homenagem ao seu rei.

Ora, este fortalecimento do poder real enfeixa os poderes com força absoluta nas mãos de um só governante, na medida em que as classes dominantes admitem ser governadas por uma figura central. Então temos de admitir que Portugal, a esta altura, era um Estado autoritário, um Estado impositivo e, por isso mesmo, um Estado moderno. Esta certeza é cada vez mais convincente na medida em que nos apercebemos de como era dirigida a política nacional ao tempo de D. João I.

Portugal moderno, tendo sob sua égide administradores dos mais capazes, inicia um trabalho de pesquisas marítimas, técnicas e científicas como jamais nação alguma se dera conta de fazer. Foram contratados professores de matemática, de física, astrologia etc. As ciências e técnicas marítimas tiveram grande impulso. Convergiram para Portugal, vindos de todas as partes da Europa, estudantes, cientistas, homens de negócios, milhares de pessoas que fixaram suas raízes em Portugal.

Dir-se-ia que a maior parte dos cientistas da Europa viera juntar-se aos portugueses. Vale lembrar, entretanto, não serem somente os cientistas que são chamados à corte de D. João I. Também a estes se juntam artistas, homens de letras, enfim, um manancial cultural cobre Portugal de norte a sul.

Além do aperfeiçoamento do astrolábio e da bússola, nasce no sul do país a primeira grande escola de navegação, de onde mais tarde sairão os arrojados descobridores do mundo até então desconhecido. Daqui em diante a nação portuguesa, sempre em grandes feitos, mostraria ao resto do mundo a sua cultura, a sua inteligência, e, acima de tudo, a sua coragem.

A conquista de Ceuta ensejou e encorajou a gente lusitana a construir a maior e mais bem equipada esquadra marítima que o mundo já conhecera. Num esforço incessante, metódico, seguro e acima de tudo organizado, o governo de D. João I, graças à tenacidade das grandes inteligências que o compõem, consegue impor-se aos olhos do mundo como governo de um só estadista. O Estado é uno, a nação é um só bloco, e o rei revela-se desde logo o seu chefe supremo a quem todos obedecem sem vacilações.

Atrás do desenvolvimento científico, técnico, industrial e comercial, logo vêm jovens de toda a Europa, sequiosos de triunfo, engajar-se na epopeia portuguesa. Assim se inicia a grande escola náutica de Sagres. A Universidade de Coimbra toma grande impulso em todos os campos de ciências ali ministradas. Lisboa, que tinha uma população reduzida, com a chegada de tanta gente que vem em busca de uma vida melhor, sofre reformas espetaculares para acomodar este gentio. Portugal todo cresce a olhos vistos e se torna o centro de convergência do pioneirismo universal.

Seria temerário tirar inferências desta nação, em pleno desenvolvimento de seus valores maiores, se não convictos do poder realizador e idealizador da sua gente. Convenhamos que os portugueses se lançaram através dos mares, no descobrimento de outros povos, não por acaso nem por aventura, como muitos julgam. Foi, isto sim, fruto de um esforço conjunto.

Governo e nação, irmanados num mesmo ideal e com base em conhecimentos científicos, encontraram caminho fértil às ambições dessa gente corajosa e de inteligência incomum.

Vale refletir sobre por que Portugal teve a primazia sobre outros países de se tornar uma nação moderna. Cumpre-nos de plano dizer que a Idade Moderna teve causas e efeitos, onde os príncipes acabaram por ter papel decisivo, como mais tarde escreveu o insigne filósofo florentino Maquiavel. A política traçada por D. João I, assim que assumiu o governo, foi marcada por uma austeridade inusitada.

Quer queiramos ou não, o Mestre de Avis exerceu a governança da nação com poderes absolutos. Entretanto, isto não é fato que cause repugnância ou perturbação àqueles que veem nas instituições regulamentadoras do poder nacional uma violação ao estado de direito. Houve, na tomada do poder pelo rei, uma situação sui generis, isto é, o poder fora conquistado pela força. Se em tal situação o Estado não demonstrasse a firmeza necessária à estabilidade, poderia advir o fracasso da vitória alcançada pelas armas. D. João demonstrou a sua capacidade de governar a nação. Demonstrou, acima de tudo para outras nações, que fez de Portugal a primeira nação da Idade Moderna.

IV – A grande união nacional

De regresso à pátria, depois de curta permanência na África, convocou D. João seus auxiliares diretos, inclusive seus três filhos, para uma avaliação política, administrativa, técnica e funcional de expedição. Politicamente, quem deu subsídios esclarecedores ao rei foi o então chanceler mor, Dr. João das Regras, que faz uma minuciosa explanação aos presentes, demonstrando através de várias evidências o que representava tudo aquilo para Portugal.

Iniciando o seu parecer, o grande homem de letras começou a sua oração dizendo que o feito da África extrapolou todas as expectativas, quer no plano nacional, quer no internacional.

No plano nacional (dizia o mestre), o rei foi ovacionado desde Trás-os-Montes ao Algarve. Até os mais incrédulos manifestaram o seu regozijo ao monarca, pois merecia todo o respeito da nação portuguesa pela sua conduta exemplar e organizadora que demonstrara na condução de tão perigosa e arrojada tarefa.

No plano internacional, a admiração e o reconhecimento foram ainda maiores, pois a vitória dos portugueses transcendeu a todos os feitos das outras nações até aqui empenhadas em combater o Islão. Tanto os aliados, como os maiores inimigos, reconheceram publicamente os enormes serviços prestados por D. João à causa de Cristo. O Vaticano reconheceu a alta vitória dos portugueses e, pelos serviços prestados à causa de Deus, foi concedida a D. João I de Portugal a bula *Sane Charissimus* que dava o privilégio ao nosso monarca de combater os muçulmanos em seus territórios.

Depois, o mestre João das Regras, ainda se demora em narrar os atos de bravura de todos os soldados lusos nos campos de batalha. É dado a conhecer ao povo a exaltação feita a todos que participaram da grande conquista nacional, gerando desta forma no espírito da nação o desejo de que outras incursões sejam feitas em território muçulmano. O insigne orador, que tantas vezes defendeu o Mestre de Avis, conclamou a todos que num ato de desprendimento e união nacional ajudassem ao rei a construir uma grande Nação.

Outros oradores se seguiram ao doutor. Porém, os temas foram, senão iguais, próximos da tese defendida pelo ilustre causídico. Depois foi D. Duarte que, num discurso breve, discorreu sobre a administração do Estado que, no seu entender, só poderia ser grande se todos se unissem em torno do seu rei.

A unidade nacional deveria prevalecer acima dos interesses pessoais de cada um. Os cidadãos portugueses, ricos ou pobres, poderosos ou humildes, têm como dever maior para com a pátria, em memória de seus antepassados, o de ajudar o País nesta cruzada de levar Portugal à conquista dos mares ignotos. Para que isto fosse possível, era de primacial importância a união de todos. Era necessária a centralização do poder. O rei e seu ministério já tinham diretrizes delineadas, cujo objetivo principal era fazer de Portugal a maior nação marítima de todos os tempos.

D. Duarte, arrematando seu discurso, disse aos circunstantes do seu preparo e de seus irmãos, muito especialmente do Infante D. Henrique, que dispunha de farto material e muitos conhecimentos nas artes de marear, para novas investidas nas conquistas oceânicas. Não obstante toda esta bagagem de conhecimentos e alguma experiência nas artes náuticas, era dever de todos ajudar o reino na grande cruzada que se iniciara. Por fim, foi o rei quem tomou a palavra para dizer do seu orgulho de governar tão talentosa nação e, discorrendo sobre o seu já longo reinado, que nesta altura fazia 30 anos, disse que a tomada de Ceuta fora apenas uma pequena demonstração daquilo que os portugueses podem e devem fazer pelo mundo. A nação portuguesa e o Estado português têm em seu bojo o que de melhor se pode encontrar hoje: a união nacional, o fortalecimento do poder real, o Estado unificado etc.

Tanto que era pensamento do rei promulgar certas leis que já eram usadas, sem que fossem escritas, mas que tudo viria a seu tempo (referia-se à Lei Mental promulgada mais tarde no reinado de d. Duarte). Depois, o rei enalteceu as qualidades do Infante D. Henrique por suas pesquisas sobre os descobrimentos marítimos, conclamando a todos que ajudassem Portugal nesta tarefa inusitada. Explicou, para os que não tinham conhecimento disto, que o infante já há três anos se dedicava aos descobrimentos, chegando as expedições lusas para além do Cabo Não. Dizendo, por fim, que Portugal estava em vantagem sobre as outras nações da Europa.

D. João I, o arquiteto de Portugal

Nesta reunião parece não haver dúvida de estar instalado em Portugal um governo de unidade nacional. Parecem estar delineadas as funções de cada um dos membros deste mesmo governo. Não há dúvida que o condestável Nuno Álvares Pereira ocupava dentro do governo o que seria hoje a pasta do Ministério da Guerra.

Ao seu estilo, também queremos crer que a pasta do Ministério do Exterior era ocupada pelo insigne jurista Dr. João das Regras.

D. Duarte, o filho primogênito do rei, pelas funções que desempenhava, estava muito próximo ao que se poderia hoje chamar de ministro do Interior. E a D. Henrique atribuída lhe fora a missão de suprir a praça de Ceuta de mantimentos, armas etc., após a conquista, tendo em vista que esta missão tinha de ser feita pelo oceano, e dela só poderia sair se bem um profundo conhecedor dos negócios do mar. É de entender-se que a posição do infante correspondia hoje à de ministro da Marinha. Enfim, tudo nos leva a crer que o Estado era composto de outros homens de grande valor, formando assim uma equipe, cujo chefe supremo era o rei, que enfeixando todos os poderes em suas mãos era quem dirigia o Estado.

Por outro lado, todos sabemos que o país tinha muito bem definidas as fronteiras concernentes aos limites territoriais. Tinha, como acabamos de provar, um governo único e se, por derradeiro, provamos que o chefe supremo de todos os poderes da nação era o rei, que faltaria a Portugal para ser uma nação de moldes modernos? A nós, quer nos parecer que nada. Daí as nossas conclusões que Portugal foi sob todos os pontos de vista a primeira nação do mundo a trilhar o modernismo. Depois é preciso levar em conta o sentimento patriótico da gente lusitana. A nacionalidade portuguesa teve origem como gentílico de Portugal, não se podendo falar o mesmo, por exemplo, da Espanha, da Itália, França etc.

Na verdade, a nacionalidade portuguesa, originariamente do Condado Portucalense, que era uma pequena parte do Minho e Trás-os-Montes, já na formação da nação lusa expressava as raízes patrióticas deste povo. Eis, portanto, onde reside um erro de raciocínio, no nosso entender, ser a data de 1453 a passagem da Idade Média para a Idade Moderna, porquanto essas mudanças já se haviam cristalizado muito antes, ou pelo menos alguns anos antes.

Uma coisa é certa: as navegações portuguesas iniciadas em 1412 tinham mudado o comportamento do homem europeu. Esta realidade nunca debitada aos portugueses, em muitos casos deve ser fato para meditações futuras. Convenhamos que a tomada de uma cidade nunca poderá ser motivo para a mudança de comportamento de um continente, e nem isso seria fato preponderante para a mudança de uma época.

O modelo político preconizado pelo rei de Portugal, D. João I, deve ter sido seguido pelos outros príncipes das nações mais poderosas da Europa e, certamente, será aí onde residem as mutações tendentes às diferentes épocas. É de consignar ainda que este modelo político em equipe, como foi em Portugal, houvera sido experimentado. Iniciou-se uma revolução sui generis, visto que punha término ao que se denominava "acabar com o Estado dentro do Estado". Esta técnica foi usada por D. João e depois seguida por seu filho D. Duarte.

Ciente desta união nacional, o rei de Portugal dá nova feição ao seu governo promulgando leis, criando um novo estilo de vida social e concomitantemente valorizando mais todos seus súditos. É assim que a nação portuguesa encontra inspiração e apoio para aos poucos se libertar das amarras que a prendiam e dar azo às suas conquistas,

O governante, ao estilo de D. João, que fazia da arte de governar o seu ofício, vislumbra em cada um dos seus governados uma fonte inesgotável de recursos. Desta fonte procurava ele tirar o máximo, retribuindo com igual valor aquilo que recebia. Talvez aqui resida a ascensão triunfal deste que foi sem sombra de dúvida o artesão e o principal arquiteto de Portugal como potência universal.

Inteligente, generoso, metódico e de memória fora do comum, soube de todos seus predicados tirar vantagem. Da sua capacidade e inteligência deixou nos um tratado de cavalaria que, para a época, teve relevante importância. Isto explica e espelha muito bem o que o próprio rei de si exigia. Da sua capacidade de administrar a coisa pública soube D. João, melhor que nenhum dos seus iguais, realizá-la. Basta que nos lembremos da prosperidade que o reino de Portugal experimentou durante o seu governo. E por último, é nosso dever dizer obstinadamente ser este nosso herói o construtor da sociedade moderna. Não só em Portugal, mas em todo o universo até onde era ele conhecido das civilizações daquela época.

V – Forja de valores

DISSEMO-LO, POUCOS MOMENTOS ATRÁS, da valorização que D. João I dava a seus súditos. Queremos também dizer o quanto era exigido do monarca por ele mesmo. Iremos tecer alguns comentários concernentes a estes valores dos lusos que, no afã de ajudarem o seu rei e o reino, tudo dão de si, antes de pensarem em si.

Já anteriormente declinamos alguns nomes de figuras ilustres que com sua notabilidade deram o grande impulso na condução dos negócios do Estado ao monarca. Outros, todavia, já nascidos ao tempo em que D. João reinava, vieram contribuir de forma decisiva para a grandeza nacional.

Com efeito, nesta grande forja de valores o grande artífice foi, sem dúvida nenhuma, o Mestre de Avis. Dele brotaram os maiores e melhores exemplos de patriotismo, de bravura, de desprendimento, de amor à pátria. Dele brotou a consciência nacional, surgiu a "Ínclita Geração" e uma grande perspectiva nacional. Já falamos de alguns vultos que ocuparam seus espaços na vida política, administrativa, intelectual e cultural de Portugal, ao início do reinado do Mestre de Avis. Entretanto, outros grandes homens vieram completar o trabalho iniciado.

Desde 1412, os marinheiros lusos tinham sulcado os mares da costa do Atlântico, atingindo e ultrapassado o Cabo Não, na costa Africana. Entretanto, estas expedições não eram muito regulares. A partir de 1418, verifica-se uma regularidade nas pesquisas portuguesas. Em 1419, João Gonçalves Zarco e Tristão Vaz Teixeira redescobrem a Ilha de Porto Santo e logo em seguida a Ilha da Madeira. Depois Diogo de Silves, em 1427, descobre algumas ilhas dos Açores. Veja o leitor como era difícil para os argonautas portugueses levar a cabo as suas missões. Desde 1412, já a nação portuguesa travara uma luta titânica contra os mares ignotos.

O pior estaria por vir. O Cabo Bojador, de quem tanto falavam os antigos marinheiros. O Cabo Bojador, onde provavelmente acabaria o mundo, como diziam os marinheiros mais experientes. Ai de quem lá chegasse! Diziam que o mar refervia, cheio de abismos e mistérios. Ainda por cima, monstros e almas do outro mundo povoavam toda esta vastidão oceânica. As lendas mais diversas eram narradas de boca em boca pelos mais bravos e valentes homens do mar. Todos sem exceção receavam alcançar o "mar tenebroso". Tinham pavor de se defrontar com os monstros sobrenaturais.

Gil Eanes, que desde há muito andava tentando dobrar o tão temido Cabo Bojador, consegue finalmente, em 1434, a grande façanha. Não era mais D. João o rei dos portugueses, pois falecera em 1433. Todavia os valorosos argonautas saíram quase todos da escola do Mestre de Avis. Vale aqui falar um pouco deste valoroso lobo do mar. Gil Eanes fora educado na casa do infante. Tanto que era seu escudeiro quando abriu pela vez primeira as portas do mar tenebroso no sentido sul. Já falamos antes do medo que os marinheiros tinham quando tentavam passar o Bojador. Naturalmente que Gil Eanes, como ser humano, também tinha este sentimento tão natural à espécie.

Já em 1433 ele tentara dobrar o horrípilo cabo. Porém, tanto ele como os seus comandados, ao se aproximarem das águas revoltas em trevas, pérfidas e terríveis, voltaram para trás. Como todos os outros, narrou os fatos a D. Henrique. Este escutou o seu escudeiro com toda atenção e logo depois, como se ele lá estivesse, chamou o seu comandado de lado, sempre num tom de voz serena e convincente, explicou-lhe que tudo aquilo que falavam do tenebroso cabo eram estórias. E num tom mais áspero ordenou-lhe que voltasse com sua tripulação e fosse descobrir o que havia para além do tão temido cabo. De seu lado, Gil Eanes fez uma promessa a si mesmo, só voltaria à presença do infante se tivesse levado a cabo tão elevado feito. Partiu novamente com a mesma tripulação, e sob juramento de todos, a tarefa deveria ser cumprida sob pena de todos serem tragados pelas águas. Dispostos a morrer se fosse o caso, o grande navegador consegue a grande façanha em 1434. Estava vencida mais uma batalha e desvendado mais um grande mistério da humanidade, graças à coragem desta brava gente e à persistência do Infante D. Henrique. Era a têmpera dos homens da raça, que vencera mais uma vez os intransponíveis obstáculos dos mares ignotos.

Já numa outra etapa, o próprio Gil Eanes, acompanhado de João Gonçalves Baldaia, atinge Angra dos Cavalos e posteriormente o Rio do Ouro.

Depois é Nuno Tristão, outro grande valor da marinha nacional, que avança até o Cabo Branco atingindo a Ilha de Arguim. Este sempre no afã de descobrir novas terras para Portugal em sucessivas investidas para o sul encontra a morte pelas setas envenenadas dos indígenas, encerrando com a sua morte, verdadeiros atos de desprendimento da vida material, outra coisa não querendo senão a glória de Portugal. Estes eram os verdadeiros heróis nacionais. Estes foram os homens que D. João soube forjar e dar têmpera.

Outro grande vulto da marinha portuguesa que tombou, vítima de ciladas indígenas, foi Gonçalo Pacheco. Ele e mais alguns companheiros de infortúnio ao atingirem a ilha de Cabo Branco foram trucidados. Também o dinamarquês Valiarte, a serviço da Coroa portuguesa, teve igual fim em Cabo Verde. Mas apesar de todos estes e outros infortúnios, esta valorosa gente, sempre em grandes feitos, continua a sulcar os revoltosos mares. Dentre estes temos de declinar os nomes de Garcia Homem, Diogo Gil, Antão Vaz e Gomes Pires que, seguindo os passos dos primeiros, vão em busca de novas terras. Outros mais tarde virão para o orgulho e glória de Portugal. Entretanto, só queremos nos referir àqueles que foram calcinados no reinado do preclaro D. João I de Portugal.

Falamos dos bravos lobos dos mares. Porém não podemos esquecer que tal proeza só teve êxito por que tinha atrás de si uma máquina administrativa e política a dar-lhe guarida. É desta máquina política e dos que a dirigiam que nos ocuparemos a seguir.

Indubitavelmente, o grande chefe da política nacional era o rei. Se a coisa pública era bem dirigida, era porque o seu chefe supremo sabia dirigi-la. De longa data o nosso monarca sempre dera demonstração de bom senso ao promulgar seus atos. No entanto, não podemos esquecer que homens de real valor e de grande experiência estavam a seu lado coadjuvando nos momentos cruciais a tão difícil arte de governar.

Entre estas figuras, a de maior destaque, e dele já fizemos referências várias vezes, era Dr. João das Regras. Formado pela mais famosa universidade de Direito daquele tempo, isto é, a Universidade de Bolonha. Doutorado em Direito, homem de vastos recursos intelectuais, orador emérito, de um profundo poder de indução, ocupou, por delegação de D. João I, o alto posto de chanceler mor da nação. Hábil político, grande organizador, intelectual de reconhecida reputação, era ele o braço direito do nosso monarca na condução da vida política do país. Não obstante os seus conhecimentos jurídicos, por influência sua são levados para corte outros juristas e intelectuais de igual envergadura, demonstrando assim o grande espírito de homem público, dando oportunidade a novos valores na formação de uma grande e reconhecida nação. Homens como este, onde o desprendimento pelo poder se faz sentir a cada momento dos seus atos, é que sem sombra de dúvida constroem grandes nações. Foi também devido à grande abertura política concedida pelo ilustre monarca que Portugal pôde ser o grande país que foi. Pois, não resta dúvida de que a grande nação portuguesa só cresceu quando teve a dirigi-la gente à sua altura. Dentro desta panorâmica, dir-se-ia que a nação inteira participava da vida pública e política, traçada mediante os parâmetros do rei.

Aparece assim, no cenário político, Diogo Afonso Manga Ancha, jurista da mais alta capacidade a fazer parte do governo real. Por influência sua, e em conjunto com seu amigo Dr. João das Regras, parece terem sido compiladas as primeiras ordenações do reino. Grandes são os trabalhos destes patriotas na construção da moderna nação portuguesa. Mas além deste, outras figuras de grande saber jurídico vêm ocupar lugares importantes no governo.

É o caso de Martim de Ocem, outro homem de letras de muita reputação que, iniciando na vida pública no reinado de D. João, será mais tarde no governo de D. Duarte o seu chanceler mor. João Gil, outro alto valor das letras nacionais, homem dedicado aos assuntos políticos, vem preencher e resolver os delicados problemas financeiros da nação. É outra figura pertencente à galeria dos ilustres homens públicos que mais deram que receberam. Ocupou o alto cargo de tesoureiro mor, responsável pelo balanço de pagamentos da moderna nação.

Além destes, outras altas figuras são chamadas a compor o governo de Portugal. Destes temos a destacar Fernando da Silveira, Álvaro Pires, João Mendes, todos de raras virtudes e qualidades intelectuais inconfundíveis. As reformas nitidamente modernas do governo de Portugal em muito são devidas a esta plêiade de homens que com o seu saber vieram dar subsídios ao governo para que estas se pudessem concretizar.

Não sendo o governo de D. João um governo outorgado, e sim conquistado pelas armas, convenhamos ser conveniente, tanto para o rei como para a nação, uma mudança estrutural em todas as diretrizes. Diante disto não titubeou o monarca em reformar as instituições nacionais. Para possibilitar estas reformas, cercou-se das melhores cabeças da nação. Sabia o nosso rei que os melhores intelectuais não estavam, naquela altura, nas classes dominantes, isto é, não estavam entre os nobres.

Eis a razão de o monarca recorrer aos juristas para que estes, com seus conhecimentos em Direito, dessem à nação o arcabouço de governo unitário, principal responsável pelas suas glórias além mar. Ainda vieram fazer parte do grupo governamental outros homens de real capacidade administrativa. Os antigos burocratas foram trocados por verdadeiros entendidos na administração pública.

Aqui também soube o grande monarca escolher o que havia de melhor dentro do reino para dirigir os serviços públicos. É então chegada a vez de Vasco Gil Pedroso, Rui

Fernandes, Vasco Fernandes e de João Afonso de Azambuja. A construção da sociedade moderna portuguesa muito lhes deve. Estes homens, cada um em seus lugares, participaram ativamente na solução e na feitura dos grandes acontecimentos nacionais. Uns indo *in loco* nas grandes expedições marítimas, outros nos seus gabinetes resolvendo problemas políticos, administrativos, jurídicos.

Nestas circunstâncias, com tantas inteligências a borbulhar, a aflorar para uma nova dimensão da nação portuguesa, vê-se Portugal empurrado compulsoriamente na conquista e cognição de outros mundos. Na verdade os grandes feitos portugueses têm sua origem na grande união nacional. Todavia é preciso dizer, outrossim, que se não fosse o grande patriotismo e desprendimento de seus filhos, jamais teríamos condições de alcançar tantas glórias.

Porém, a grande forja nacional não cuida somente de argonautas, juristas e heróis prontos a sacrificarem a própria vida pela Pátria. O grande monarca dos portugueses, pela sua inteligência e memória reconhecidamente das mais privilegiadas, não se esquece daqueles que mais tarde irão narrar os fatos históricos e memoráveis da grande nação portuguesa. Destes também o grande monarca se lembra. A estes dá-lhes o que de melhor dispõe.

O governo moderno de Portugal deve trazer em seu bojo não só uma filosofia de guerras e conquistas, mas muito mais do que isto, traz consigo um sentimento patriótico, onde se reconhece que em primeiro lugar está a Pátria, para depois se voltar o pensamento aos outros valores. Assim pensava o rei, assim era ensinado na sua corte, assim eram as diretrizes do próprio Estado. Destarte, homens de valor vão mais tarde narrar os acontecimentos do grande império em formação.

A corte de D. João I foi composta de grandes intelectuais, como atrás declinamos. O próprio filho do monarca, D. Duarte (futuro rei de Portugal), foi um dos expoentes máximos da inteligência portuguesa à época que nos reportamos. Mas muitos homens de raras qualidades e inteligência despontaram para o mundo das letras e artes no reinado de D. João, e também para os reinados futuros.

Um grande governante não é aquele que pensa tão somente no momento que governa. Os grandes estadistas tomam decisões em certos momentos históricos, entretanto estas por vezes atingem seus objetivos tempos depois.

O Mestre de Avis, ao firmar o tratado de paz com D. João II de Castela, cujo mútuo entendimento visava dar às duas nações uma estabilidade peninsular, no tocante a acomodá-las financeiramente, deixou Portugal por um longo tempo sem litígios bélicos. Esta pausa foi de relevante importância para o Estado português organizar-se em todos os sentidos.

Floresce a nação portuguesa nas pesquisas marítimas, nas ciências físicas, nas ciências jurídicas, e agora nas letras. Com efeito, já falamos de muitos dos seus maiores nomes em diversos ramos das ciências. Falta nos falar dos grandes historiadores do reinado de D. João, ou, ainda, daqueles que tiveram oportunidade de fazer história na sua época.

Na galeria dos grandes nomes que escreveram a história lusa, aparecem em primeiro plano os nomes de Fernão Lopes e Gomes Eanes de Azurara, nascidos na escola do Mestre de Avis. Os continuadores da sua obra, tal como Rui de Pina e João de Barros, já são de outra época, mas vale como referência a lembrança dos seus nomes, pois souberam dar o mesmo colorido à nossa história, como fizeram os seus mestres.

De Fernão Lopes não podemos deixar de tecer os maiores elogios ao seu trabalho de cronista e historiador. Os documentos mais antigos onde aparece o seu nome datam de 1418. No reinado de D. João I ocupa a alta função de "Guardador de Escrituras da Torre do Tombo". Mais tarde vemo-lo exercendo as funções de "Tabelião Geral" do reino.

Apaixonado pela crônica, escreveu sobre D. Pedro I (o Justiceiro), D. Fernando (o Formoso) e D. João I, a quem serviu enquanto vivo. Segundo nos afirma Azurara, Fernão Lopes teria também escrito a história dos sete primeiros reis de Portugal e a crônica da *Tomada de Ceuta*. Dando sempre um colorido todo especial aos seus trabalhos literários, foi apontado como um estilista da mais alta envergadura na crônica portuguesa. O seu último trabalho literário foi a "Crônica do Reino".

Os seus trabalhos literários, sempre baseados na confrontação de documentos, podem ser considerados dos mais honestos entre os historiadores. Pela facilidade que dispunha a todos os manuscritos sob sua guarda na Torre do Tombo, ao escrever sobre qualquer assunto sempre se certificou da veracidade das informações. Para isso, muitas vezes comparava os documentos pesquisados, e deste confronto extraía a informação cuja autenticidade mais se aproximava à realidade, no seu entender.

Nunca é demais repetir terem sido as crônicas de Fernão Lopes que contribuíram, de maneira incontestável, na formação das novas gerações de Portugal. A narrativa deste grande historiador, associada à grande capacidade de escrever, dera-lhe a mais alta relevância nas letras nacionais. O colorido dos seus escritos, dado aos personagens que compuseram o cenário de suas narrações, propiciam ao leitor, certa participação nos acontecimentos históricos. Desta maneira, os sonhadores jovens portugueses eram de certa forma guindados a um plano superior, acreditando por vezes serem enviados de Deus, razão pela qual os bravos soldados lusos chegaram a vencer forças muito maiores que as próprias.

De Fernão Lopes, introdutor da prosa em Portugal, glória da cultura lusa no limiar da Idade Moderna, arrematamos com esta frase: – Digna é a Pátria que concebe homens desta envergadura.

Substitui a Fernão Lopes outro grande gênio das letras nacionais, Gomes Eanes de Azurara (ou Zurara). Como o seu antecessor, teve o cuidado de não faltar à verdade dos fatos. Não tão brilhante como Fernão Lopes, Azurara, no mesmo estilo, deu à crônica portuguesa uma feição especial. As suas crônicas, apesar de prolixas, são sinceras e realísticas. Os seus melhores trabalhos literários são: *Crônica de El Rei D. João I, Crônica do Descobrimento da Guiné, Crônica de D. Francisco de Menezes.*

A sua maneira otimista de ver as coisas, em muito contribuiu na formação dos heróis lusos. Nunca desvirtuando a realidade, imprimia aos seus escritos um tom alegre de contar os fatos, animando o leitor a encarar as proezas dos guerreiros, em lances generosos e cavalheirescos. Soube, com arte e muito colorido, transmitir às novas gerações as epopeias dos nossos bravos homens do mar.

Azurara deixou uma vastíssima obra de incentivo à nação portuguesa e, por isso, bem merece estar na galeria dos homens de letras lusíadas. Azurara também teve um grande valor para forjar este grande povo. Deste punhado de homens, teríamos certamente alguém que, com muito engenho e arte, contasse os seus feitos. Foi assim o povo deste pequeno país. Foi assim a história desta grande nação. Foi assim o reinado deste grande monarca D. João, Mestre de Avis. Depois se seguiram outros grandes vultos das letras portuguesas, tais como Rui de Pina e João de Barros.

Naturalmente estes já apareceram posteriormente ao reinado do Mestre de Avis, todavia são pertinentes à mesma escola. Há desde logo uma sequência de historiadores e homens de letras que tão bem souberam narrar os fatos e feitos heroicos nacionais. Ora, tudo isto completava a nacionalidade e vinha afirmar a pujança e riqueza da nobre nação portuguesa.

Convenhamos que a esta altura dos acontecimentos a nação deva produzir outros tipos de arte visando deixar vestígios culturais para a formação histórica de uma era. O rei de Portugal, além de pretender agradecer a graça concedida por Deus pela vitória de Aljubarrota, pensa em erigir um monumento *in memorian*. A ideia fora dada pelo condestável Nuno Álvares Pereira. Encarrega D. João o seu comandante em chefe de todas as armas para cuidar do assunto, uma vez que as atividades bélicas estavam em descanso.

Fora escolhido para projetar a obra o arquiteto português Afonso Domingos. Determinara-se o lugar onde o monumento deveria ser erigido, que chamar-se-ia Mosteiro de Santa Maria da Vitória. Obra de grande amplitude e arquitetura dificílima, nela o seu arquiteto trabalha incessantemente. Contudo, os anos transcorrem inexoravelmente e o seu artista e arquiteto fica velho e cego, impedindo o de continuar a comandar os serviços. Os trabalhos devem prosseguir normalmente. Então vai se buscar ao estrangeiro um arquiteto que dê continuidade aos trabalhos. Vem para Portugal o engenheiro Ouguete, de procedência flamenga.

Continua a construção do imponente mosteiro. A Casa do Capítulo – uma enorme sala com uma extensa abóbada, sem nenhum elemento de sustentação – é construída por duas vezes porque, ao se tirar os andaimes, depois de concluída, esta desmoronava. Observando o insucesso nas duas tentativas, o engenheiro por fim declarou ser impossível construir a sala sem alterar o projeto original, opondo-se a isso Afonso Domingos. Diante da recusa do arquiteto estrangeiro, retoma o português a construção da obra.

Cego e velho, Afonso Domingos manda mais uma vez erguer a abóbada geradora da discórdia entre os dois mestres. Quis Deus mais uma vez servir os portugueses. O nosso grande mestre consegue enfim levar avante o seu projeto sem lhe alterar a magnitude e beleza original. Trôpego, manda Afonso Domingos que tirassem os andaimes do enorme salão, e fica debaixo jejuando durante três dias à santa Maria da Vitória. A inteligência portuguesa mais uma vez fora iluminada por Deus, como iluminados foram seus soldados no dia da grande batalha que serviu de motivo para a construção de tão suntuoso monumento.

Se mais nada houvesse para escrever sobre a ciência de Portugal, esta página já seria motivo de muito orgulho para qualquer cidadão de uma pátria. Mas a verdade é que Portugal, no limiar da Idade Moderna, descortinara para todos os segmentos culturais dessa sociedade em ebulição. E outros artistas vêm coroar a nação com o seu trabalho, seu talento e sua arte.

Portugal medievo venerava a antiguidade. Antes de D. João I, os grandes artistas não se tinham apercebido do realismo e humanismo referente às suas criações no mundo das artes. O homem era visto à semelhança dos heróis helenos, ou latinos. Não havia outros conhecimentos palpáveis em que a arte se inteirasse ou buscasse alternativas ou fontes inspiradoras a insuflar os amantes das artes. O homem e o mundo são vistos e entendidos como uma passagem para divindade, sem que haja uma percepção da realidade que os rodeia. Tanto no mundo Ocidental como no Oriental, onde predomina o misticismo, o mundo das artes fica restrito aos ensinamentos bíblicos. Poder-se-á dizer e aceitar isso com naturalidade, por não ter o homem desta época conhecimentos científicos sobre como se formara o universo além destes.

Os descobrimentos marítimos, iniciados por D. Henrique, dão ao artista uma nova visão do mundo. Novas paisagens, novas terras, novas criaturas, enfim, novos objetos se descortinam aos olhos incrédulos dos primeiros descobridores. Esta visão panorâmica, adicionada às narrativas dos olhos deslumbrados dos pioneiros, dá novos subsídios aos artistas portugueses.

A história de um povo é cimentada nos feitos dos seus heróis e posteriormente consolidada pelos historiadores, escultores, pintores e poetas. Em certo momento histórico, quando a nação explode num crescimento vertiginoso em todos os sentidos, deve certamente aparecer também nas artes homens de igual valor para traçar o perfil desta nação. Assim aconteceu com Portugal. Nascido no reinado do Mestre de Avis, foi Nuno Gonçalves expoente máximo na arte da pintura.

Pouco se sabe da sua vida. Dizem que estudou pintura na escola flamenga, conclusão a que se chegou pelo profundo conhecimento dos pintores Jan Van Eyck e Hugo Van der Goes. Criou um estilo original, personalíssimo, em sua obra, chamando à atenção para o realismo dos heróis portugueses, emprestando-lhes com a sua arte, toda audácia, serenidade e espanto, quando estes se defrontavam com a fúria dos bravos mares.

A sua obra mais conhecida é *O Tríptico de São Vicente*, extraordinária crônica na qual o artista ilustra os tipos humanos que compunham a sociedade portuguesa da época, dando aos objetos que circundam os figurantes uma forma realista até então nunca mostrada. É interessante observar que o famoso pintor não desprezava o detalhe, em relação à figura central, ao contrário, parece imprimir-lhe maior originalidade.

Muito diferente dos artistas flamengos que criavam e cultivavam a ilusão. Este tipo de realismo dos artistas portugueses, tanto na pintura, como nas letras, na escultura ou em qualquer outra arte, nunca evocava a pantomima. Para relembrar os seus heróis tiveram a sua valoração positivista. Pois, deste realismo, deste positivismo, destes conceitos absolutistas é que as futuras gerações lusitanas se valeriam para cimentar e ter forças que transcendem até a própria força humana, para levar a cabo jornadas quase impossíveis nos descobrimentos de mundos novos.

Ao fechar este capítulo, deve-se ter em conta que a grande nação portuguesa alcançaria esta situação privilegiada apenas por ser emancipada em todos os sentidos. Isto quer dizer que as outras nações não gozavam da mesma situação que Portugal, ou então não eram totalmente emancipadas.

VI – O mercantilismo em Portugal ao tempo de D. João I

No início do seculo XV, não há a menor dúvida de que a maior potência marítima era Portugal. Tinham os lusos adquirido, através dos tempos, com sacrifícios incalculáveis, o conhecimento e a experiência na difícil arte de navegar.

Os armadores portugueses recebiam encomendas de quase todas as nações do Ocidente, para transportar suas mercadorias comercializadas. A cabotagem também era exercida em larga escala, pois, sendo Portugal um país costeiro, a maioria dos transportes era feita por via aquática. Não só a costa portuguesa era servida pela marinha mercante, mas também onde os rios navegáveis serviam para transportar os produtos agrícolas oriundos das mais diversas regiões nacionais. Tudo isto dera a Portugal uma vasta experiência relativa aos conhecimentos marítimos, revestindo-se de relevante importância para o desenvolvimento da própria nação.

São os conhecimentos empíricos na arte de navegar que os naturais vão adquirindo através dos anos. Mais tarde são os conhecimentos científicos, impostos por uma necessidade nacional, que norteiam um processo desenvolvimentista, evoluindo em termos concretos no aperfeiçoamento das ciências da navegação.

Veneza, Gênova, Nápolis, Constantinopla e Tânger eram os maiores entrepostos mercantis do mundo. Entretanto, para servir os países nórdicos, mister se fazia passar por Lisboa. A grande afluência de navios ali aportados, pela passagem obrigatória, fazia da cidade e de seu porto de mar um dos maiores do mundo. Mais uma vez, nos vimos compelidos a falar da extraordinária capacidade administrativa dos homens que exerciam o poder de governar no reinado de D. João I. Sim, não tivesse a administração pública condições de bem conduzir os negócios do Estado, de nada serviria Lisboa ficar na rota dos navios de alto calado, pois seria apenas mais um porto de mar como tantos outros na costa da Península Ibérica.

O governo de Lisboa, embora exercido na sua plenitude pelo seu chefe supremo, o rei, trazia na sua retaguarda uma equipe administrativa com funções definidas e pertinentes a cada uma das atividades para as quais fora criada. Portanto, a atividade aduaneira ou alfandegária, solidamente administrada, garantia às tripulações condições de trabalho. O Tejo mais parecia uma cidade ambulante que um rio, tal o movimento de navios mercantes vindos de todos os grandes entrepostos do mundo conhecido. Calcula-se que, em certo momento, chegaram a juntar-se no estuário do Tejo cerca de seiscentos navios de alto calado, deixando de figurar nesta contagem as naves de menor porte.

Ora, este desenvolvimento mercantil nacional tem como embasamento o período de paz que a nação atravessava. Esta estabilidade e confiabilidade, oferecida tanto pelo governo como pela nação, atraíram os maiores mercadores de outros países para a pátria portuguesa. Então, inicia-se a escalada ao mercantilismo nacional. Portugal, até o reinado do Mestre de Avis, apenas desenvolvia uma agricultura de subsistência. O comércio era quase primitivo, desenvolvendo-se amadoristicamente, limitando-se às exportações dos excedentes agrícolas (o que aliás era bem pouco).

A história, que é pródiga em fatos casuísticos, trouxe a Portugal uma gama de raças, em virtude do desenvolvimento econômico que o país experimentava. Os movimentos sociológicos originários do desenvolvimento econômico dos países deixam geralmente profundos vínculos nas camadas sociais até a sua acomodação.

A sociedade portuguesa não poderia fugir a regra. Tal qual aconteceu nas outras nações, assim aconteceu em Portugal. Das correntes migratórias vindas à Lusitânia, das mais diversas partes do mundo, uma parte era de judeus. Já dissemos que Portugal fora invadido por matemáticos, físicos, astrólogos etc. Entretanto, é necessário lembrar nos que uma nação não pode ser só construída de intelectuais. Uma nação deve ter uma força de trabalho, uma indústria, um comércio, uma agricultura. Enfim, deve ter uma série de atividades que constituam um todo e que se completem em harmonia, em condições favoráveis e fáticas ao desenvolvimento nacional.

Os judeus, comerciantes por excelência, introduziram novos métodos de negociar, dos quais os naturais não tinham ciência nenhuma. Vale dizer, vieram ensinar aos portugueses novas fórmulas de comerciar. Na verdade, eles foram os impulsionadores do comércio português no exterior. Isto tinha sua razão de ser, da qual queremos dar uma pequena explicação.

A nação judaica, embora dividida em vários países, nunca deixou de existir, isto é, os judeus, mesmo nascidos em Portugal, França, Alemanha ou Itália, eram sempre judeus. Pois, apesar de falar o idioma do país de nascimento, aprendiam o hebraico, uma forma de se comunicarem sem ser entendidos pelos naturais. Tinham como credo religioso o judaísmo, e os usos e costumes passavam de pai para filho, visando seguir a tradição nacional, originária de Israel. Assim a nação judaica formava uma nação dentro da própria nação.

Destarte, poder-se-á desde logo compreender quantas vantagens eles levavam sobre as outras nações nas questões comerciais. Observe-se quanta sutileza era usada na arte de comerciar. Detentores de capitais enormes, exerciam o monopólio de determinados artigos. Isto é, compravam toda a produção de determinado produto, em certa parte do mundo. Uma vez detentores dessas quantidades de mercadorias, pressionavam a elevação dos preços, auferindo desta forma lucros incalculáveis. Entretanto, este tipo de comércio só poderia ser desenvolvido porque esta nação tinha ramificações em quase todos os países da Europa. Esta interligação, também existente entre estes agentes dentro e fora de Portugal, de tal forma impeliu a atividade comercial que muitos banqueiros e empreendedores de outras atividades econômicas, até aqui inexistentes na pátria lusa, ali se instalaram.

Como corolário desta verdade, o crescimento comercial português extrapolou todas as expectativas, chegando mesmo a serem constituídos grandes conglomerados comerciais para satisfazer as necessidades nacionais. O mercantilismo português teve uma expansão extraordinária, em razão direta da vinda e integração dos judeus em Portugal e também porque o Estado, observando ser lucrativa sua atividade, deu amparo àqueles que se estabeleceram na pátria, cujo objetivo era o de ajudar a nação em desenvolvimento.

Lisboa tivera um enorme impulso nos últimos anos que se seguiram à tomada do poder por D. João I. Esta perspectiva de ampliar o intercâmbio comercial com as outras nações ensejou a muitos homens de negócios a fomentar suas atividades na pátria portuguesa. Naturalmente, tudo isto foi possível graças ao aval e o beneplácito da equipe liderada pelo Mestre de Avis. O objetivo maior era o de fazer da nação portuguesa o maior império do Ocidente.

Quando o rei de Portugal se propôs a tomar Ceuta aos mouros, não foi com objetivos mercantilistas. Porém, este feito teve grande repercussão no mundo dos negócios, especialmente para os turcos, venezianos, napolitanos e genoveses. O comércio desenvolvido nestes centros muito dependia das rotas terrestres, por onde eram trazidas as mercadorias adquiridas no Oriente. Ora, Ceuta era justamente a praça de maior influência nesta rota. Uma vez nas mãos dos portugueses a praça de Ceuta, observaram os grandes comerciantes daqueles centros comerciais, um comportamento diverso em seus negócios. Se se mudou o comportamento mercantil em razão da tomada deste grande empório do Norte da África, certamente empreendimentos de maior vulto poderiam provocar outras mudanças de maiores proporções. Uma coisa é certa, as expedições portuguesas através dos mares alteraram indubitavelmente a visão que o homem desta época tinha sobre o mundo.

Na medida em que as expedições dos navegadores portugueses se intensificavam, maior carência havia de homens capazes para levar a cabo o grande sonho do Infante D. Henrique. Já foi dito antes sobre o grande desenvolvimento do reino português nesta época e que atraiu para Portugal homens das mais variadas camadas sociais de toda a Europa. Portugal era, nesta altura, o centro de convergência daqueles que querem adquirir fama e riqueza. Assim vieram italianos, franceses, ingleses, judeus, holandeses e mais uma gama de outras nacionalidades.

Não é de causar admiração a ninguém a grande metamorfose que se processara na sociedade portuguesa. Se muito temos a ensinar, alguma coisa teremos de aprender. O intercâmbio de conhecimentos, a facilidade de assimilação da nação portuguesa e as condições favoráveis para integração das diversas etnias vindas às terras lusitanas certamente trariam dividendos benéficos à pátria.

As primeiras bases foram lançadas. Todavia lançadas para a fé cristã, para o idealismo nacional e o progresso universal. Estas foram as premissas que levaram o Infante D. Henrique a pensar num grande projeto marítimo, que redundou finalmente na descoberta do que havia além dos ignotos oceanos. Quando o infante, com a sua grande bagagem intelectual, se propôs a desvendar os desconhecidos oceanos, não foi com intenção comercial, foi, como acima dissemos, o conjunto de três ponderações. Porém, a miscigenação das etnias deu aos nacionais várias formas de pensar. Deste caldeamento, surgiram novas ideias, novas formas de encarar o dia a dia e com isso o desenvolvimento mercantil português.

Lisboa, metropolitana, era nesta época um dos maiores portos de mar do Ocidente. O seu comércio, a sua indústria, a sua vida artística e intelectual tinham a pujança dos grandes centros europeus. Contudo, podemos afirmar, sem medo de errar, que os portugueses não perseguiam o ouro com a volúpia desmedida, como a história lhe atribui. A verdade é bem diferente! Os portugueses não são menos inteligentes do que as outras nacionalidades, ao contrário, são, neste momento, mais inteligentes. A pureza de sua honestidade, toda ela está voltada para o ideal de servir a seu rei, sua pátria e ao mundo.

Não souberam as outras nações dar-lhes os atributos históricos a que fazem jus.

Não se sabe por que certos historiadores, que se referem aos descobrimentos ou às grandes navegações portuguesas, tiram ilações diferentes daquelas que a verdadeira história diz. Muitos são aqueles que, falseando os fatos, dizem que os portugueses se atiraram numa aventura mercantilista, não observando meios para atingir fins. Isto não é verdade! A verdade é outra; e isto é fácil de explicar: os naturais, observando o comportamento dos outros povos no que concerne às riquezas encontradas em seus descobrimentos, apenas limitam-se a imitar-lhes as ações. Vale dizer: os portugueses comandavam as grandes expedições e entre eles geralmente iam estrangeiros, e eram estes que mais usufruíam dos espólios encontrados.

As lições assimiladas através dos tempos servem de conhecimentos empíricos. Este empirismo foi-se acumulando aos poucos nas bagagens de cada um dos marinheiros lusos, tanto na parte cultural como na material. Se os comandados tinham condições de se dedicarem ao mercantilismo, mais e melhores condições deveriam ter os comandantes. Isto posto, e na melhor forma de inteligência, iniciaram os nacionais formas mercantilistas em igualdade de circunstâncias com os estrangeiros. Vale, no entanto, repetir não ser esta a intenção dos movimentos marítimos portugueses. Dentro deste raciocínio, e sobre este assunto, deve ser evocado aquele episódio do grande navegador Gil Eanes.

"Dizem que o emérito navegador, depois de ter dobrado o Cabo Bojador e vendo o mar calmo da outra parte da terra, corre os campos cheios de flores, apanha uma braçada de rosas e volta à Pátria e as traz a seu rei. Rosas de Santa Maria mais tarde batizadas."

Desviamo nos um pouco de nossa intenção de falar sobre comércio em Portugal, para estabelecer parâmetros entre povo português e outros povos interessados em manchar o nome dos portugueses. Sabemos porém dos ideais desta grande nação. Portanto, o nosso dever é demonstrar o desenvolvimento comercial e industrial de Portugal moderno.

O governo português vê em cada momento o seu grande poderio econômico num crescimento descomunal. As cidades multiplicam se. Os centros mercantis, como Lisboa, Porto, Coimbra e Évora, tinham atingido grandes quantidades de população para a época. O comércio desenvolvera-se a tal ponto que as exportações de vinho, num só ano, atingiram a enorme cifra de dezoito mil barris. Estamos falando apenas de um produto exportado, outros também comercializados, como navios, azeite, figos, lãs etc.

A nação portuguesa, laboriosa como sempre, ajudava seu rei na heroica luta pela estabilidade nacional. O mercantilismo desenvolvido em Portugal tinha uma filosofia diferente daquela preconizada pelos diversos países da Europa. O rei de Portugal, como grande estadista que era, sentia a necessidade de estabelecer um bom relacionamento comercial com os outros povos, pois via neste fato algo mais que não somente o comércio em si. Enxergava mais longe, como se diz popularmente. A troca de produtos era salutar para o desenvolvimento nacional, isto é, completava uma satisfação nacional. Comprávamos tecidos da Inglaterra, couros da Espanha, ferramentas da Alemanha etc. Por outro lado, exportávamos navios para todos estes países e mais os excedentes das nossas colheitas. Este era o tipo de mercantilismo praticado pelo governo de Lisboa ao tempo de D. João I.

A deturpação existente no sentido de denegrir o nome dos portugueses com respeito ao mercantilismo merece reparos, posto que os portugueses tinham comportamento exemplar no exercício desta atividade. Nunca, em tempo algum, tivemos notícias de navios portugueses atacarem outras embarcações para lhes roubar mercadorias transportadas. Não há uma só notícia de qualquer ato de pirataria praticado pelos então senhores dos mares, que outros não eram senão os portugueses. Entretanto, já não podemos dizer o mesmo de outras nações que tanto se arvoram como donas da democracia e das boas maneiras.

A formação religiosa da nação portuguesa, toda ela voltada para o catolicismo, punha um freio na prática de um mercantilismo mais agressivo. A Igreja Católica, como é sabido, condenava a prática da usura, isto é, condenava a perseguição aos bens materiais, desestimulando a prática do comércio e da indústria. Como o povo português se caracterizava pela índole católica, até de certa forma extremada, abstinha-se então muitas vezes de fazer os seus negócios pela simples razão de pecar contra Deus. Muitos são os exemplos na história de Portugal com relação ao desprezo aos bens materiais preteridos às convicções espirituais. Isto quer apenas dizer que o comércio ou mercantilismo externo, como lhe queiram chamar, era apenas uma questão de sobrevivência nacional.

Talvez resida aqui a única dúvida sobre se Portugal era ou não um país da Idade Moderna. Se levarmos em conta a filosofia governamental de D. João I nos demais campos, quer administrativo, legislativo ou judiciário, temos Portugal na Idade Moderna. Todavia, no que tange às relações comerciais, observa-se desde logo nenhuma ou quase nenhuma intervenção do poder estatal. De fato, o governo do Mestre de Avis apenas apoiava as iniciativas particulares quanto ao comércio exterior, servindo apenas como mediador entre os exportadores dos produtos lusos.

É óbvio que o governo não poderia ficar alheio à atividade mercantil. Pois, cabia-lhe, por condição intrínseca, fiscalizar, zelar e proteger no que diz respeito à saúde e à qualidade dos produtos perecíveis e sujeitos a contrair moléstias. Mas daí a dizer-se ser o governo português um governo mercantilista... Não vimos razão em um só ato governamental para se deduzir esta afirmativa. O governo de Lisboa peremptoriamente não era um governo mercantilista.

Tivesse Portugal desenvolvido o seu parque industrial e o seu comércio, como desenvolveu outros setores da vida pública, quiçá não tivesse perdido tão cedo a primazia imperial do mundo. A mobilização de todas as forças vivas da nação no auxílio ao projeto Sagres dá início a um momento histórico que poderíamos chamar de "Culto à Nacionalidade". Este culto seria o resultado das preocupações do rei de Portugal em resolver certos problemas quanto aos estrangeiros que vieram instalar-se no país.

D. João, homem de grande visão e arguto observador, percebeu nos fluxos migratórios alguns sintomas de descentralização do poder. Contudo, esta descentralização não era dos nacionais, mas sim de elementos estrangeiros, principalmente de judeus e seus descendentes que se fixaram na pátria. Estes, pela sua condição de apátridas e detentores de enormes reservas de capitais em qualquer parte do mundo que se instalassem, tentavam formar Estados paralelos ao próprio Estado constituído.

O próprio rei e seus auxiliares aperceberam-se desta manobra, quando então demonstraram o desejo de legislar uma nova lei para a observância daqueles que pretendessem atentar contra a ordem jurídica emanada do Estado. Esta lei, mais tarde legislada e promulgada pelo sucessor de D. João, a recebeu o nome de Lei Mental porque já o Mestre de Avis a trazia na mente desde longa data.

Aliás, D. Duarte teoricamente só teve o trabalho de dar juridicidade ao diploma legal, cujo teor abrangente quanto à nacionalidade foi quase todo elaborado no reinado de seu pai. Ainda no que diz respeito às leis, queremos dizer que o reinado de D. João foi muito profícuo, tendo sido desenvolvido um grande esforço no sentido de melhorá-las. Todavia, este assunto abordaremos com mais profundidade em outra ocasião.

Esta preocupação em fazer novas leis tinha como escopo frear certos grupos detentores de enormes quantidades de dinheiro, justamente para evitar o mercantilismo desenfreado. As grandes fortunas acumuladas através de negócios espúrios também aconteceram em Portugal. Porém, contra a vontade do Estado. Não resta menor dúvida de haver interesse da parte de Portugal em desenvolver o seu comércio tradicional. Todavia não obstinadamente como propalam por aí.

Veja-se, por exemplo, a hesitação do Mestre de Avis quando enfrenta o peso de consciência na decisão sobre a conquista de Ceuta. Pergunta a si mesmo se a empresa a qual iria lançar-se estaria de acordo com a vontade divina. Pesa-lhe o sangue que se viu forçado a derramar para subir ao poder a fim de livrar os lusos do jugo castelhano: o sangue do Andeiro, o do bispo D. Martinho e de outros mais. Será legítimo? Será justo com seu Deus? Será que a sua espada está a serviço de Cristo? Zurara arremata com estas palavras proferidas pelo próprio monarca: "Ca todo seu principal movimento foy per serviço de Deus e grande desejo que tinha de emendar alguma cousa se a contra vontade de Deus fezera no tempo de guerra passada". – É cristalino afirmar que não fora apenas o comércio, as riquezas, os tesouros que moveram o monarca de Portugal à conquista das terras e dos longínquos oceanos. Descartável portanto a afirmação da intenção puramente mercantilista do governo de Portugal. Na verdade, as motivações religiosas foram preponderantes.

Não seria, no entanto, condenável se Lisboa fizesse o mesmo que Veneza, Constantinopla, Gênova, Tânger e outros grandes entrepostos comerciais faziam, pois se estas metrópoles faziam, por que não poderia Lisboa fazer? Por que se ataca o governo de Lisboa e nada se fala sobre as outras nações que especulavam com o comércio internacional? Uma razão maior deverá existir e é esta razão que nos leva a fazer este trabalho.

O governo de Lisboa, por volta de 1415, época em que consideramos Portugal como um país já desfrutando da condição da Idade Moderna, mesmo não tendo como premissa maior, a atividade comercial, sentia a necessidade do desenvolvimento dessa atividade. Sendo o país mais a ocidente da Europa, considerava-se um pouco fora do eixo das decisões mercantis do continente. Entre essas necessidades havia fatores altamente importantes, como mais aproximação e melhor relacionamento entre os outros povos. Estes fatores não seriam meramente mercantis, mas sim visavam a um maior intercâmbio espiritual e cultural, mesmo porque Portugal estava ligado ao Vaticano por profundos laços espirituais, laços esses que a nação portuguesa até hoje mantém.

Podemos afirmar que o mercantilismo nada trouxe de lucrativo para a nação portuguesa. Se algumas vantagens materiais vieram para o reino de Portugal, elas sucumbiram em proporção às desvantagens causadas pela perda daquilo que de mais precioso um país pode ter, qual seja a perda de vidas, de seus naturais, nas lutas contra os infortúnios das jornadas oceânicas.

Quantas vidas foram tragadas pelos revoltosos mares às famílias portuguesas? Quantas tormentas, fome e sede passaram os marinheiros portugueses na ânsia de descobrir novas terras? Quantas angústias, temores e privações, os heróis portugueses sofreram na ampliação do mundo desconhecido? Agora o mercantilismo preconizado pelos portugueses, em relação a todas estas vicissitudes, nada ou quase nada representa. Ademais, ser-nos á fácil comprovar esta teoria.

Atentemos para as grandes obras, ou melhor, para os grandes monumentos construídos em Portugal. Quais aqueles erigidos ao tempo do mercantilismo? Se não houver erro, apenas construiu-se o Mosteiro dos Jerônimos, ao tempo de D. Manuel. O Mosteiro de Alcobaça, o de Santa Maria da Vitória e outros foram construídos muito antes do mercantilismo português. Isto por si só prova que para Portugal não vieram riquezas provenientes das terras descobertas ou ocupadas pelos portugueses.

João Ameal, no seu trabalho a História de Portugal, referindo-se à Idade Média portuguesa, assim se expressa: "A Idade Média portuguesa está cheia de esplêndidas figuras representativas. Desde os grandes reis da fundação, da reconquista, do povoamento, do descobrimento: Afonso I, com sua espada criadora do reino novo; Sancho I, que o engrandece e restaura; Afonso II, que lhe dá o inapreciável benefício de uma autoridade firme; o desventurado Capelo, conquistador de tantas terras no sul; Afonso III, que marca a Nação com definitivo contorno; o lavrador da terra e do espírito, D. Dinis; Afonso IV, cavaleiro intrépido da salvação peninsular no Salado; Pedro, o Justiceiro, terrível e jovial; Fernando, perdido de amores fatais, mas verdadeiro iniciador do nosso poderio marítimo; João I, chefe exemplar de um povo desperto e de uma família extraordinária".[1]

Termina o ilustre historiador em D. João I, de forma peremptória, como se de fato no reinado do Mestre de Avis terminasse também a Idade Média. Sem dúvida alguma, a

1. João Ameal, *A História de Portugal*. Academia das Ciências de Lisboa e da Academia Portuguesa de Letras.

nossa Idade Média termina no reinado de D. João. O insigne homem de letras não o disse taxativamente, entretanto o disse nas entrelinhas. Isto é quanto basta para inferirmos este raciocínio. Isto é apenas o necessário para o grande historiador nos incentivar a pensar como pensamos. Depois, referindo-se à iniciativa do Infante D. Henrique, comenta o insigne: "A larga empresa em esboço – preside ainda e sempre o nobre propósito do serviço de Deus. O espírito de Cruzada anima fundamentalmente D. Henrique. Antes de mais nada, quer levar a fé católica às novas terras, às novas gentes a sementeira do Evangelho".

Numa visão linear, nota-se que o propósito dos portugueses não era o mercantilismo como se tem difundido por aí. A cobiça do ouro não era fundamental para a grande iniciativa nacional. O fundamental, quer nos parecer, era o avanço da tecnologia, o avanço nas letras, nas ciências marítimas etc.

O mercantilismo, ou comércio exterior, foi uma decorrência daqueles outros fatores, todavia não foi preponderante ou determinante das decisões governamentais na iniciação às grandes navegações portuguesas.

VII – A Ínclita Geração

JÁ NOS REFERIMOS A ALGUNS DOS FILHOS DE D. João I. Entretanto, queremos dedicar um capítulo especial a todos eles, ou seja, um capítulo à "Ínclita Geração", como foi muito bem cognominada a descendência direta do Mestre de Avis e de sua mulher dona Filipa de Lencastre.

Quando D. João subiu ao trono de Portugal, a sua maior preocupação foi moralizar e disciplinar os hábitos da corte portuguesa, a esta altura em grande decadência, pelos maus exemplos oriundos da própria corte, herança do despudor e má conduta da rainha dona Leonor Telles com o valido conde de Andeiro.

Havia o rei de Portugal assumido o compromisso de casar com uma filha do duque de Lencastre, caso este ajudasse D. João a consolidar a vitória de Portugal contra Castela. Com as tropas lusas saindo vencedoras na batalha de Aljubarrota, reconheceu o rei de Castela a legitimidade do Mestre de Avis como pretendente ao trono de Portugal, sujeitando-se à adversidade das armas, celebrando mais tarde um tratado de paz.

No dia 2 de fevereiro de 1387, celebrou-se o casamento do Mestre de Avis com dona Filipa de Lencastre, na cidade do Porto. A cerimônia nupcial não teve grande pompa, e foi praticamente interrompida para que o monarca português fosse ajudar seu sogro, nas lutas contra o rei de Castela, uma vez que o duque de Lencastre tinha pretensões ao trono daquela nação. Porém, logo terminou a campanha por não haver, da parte dos ingleses, muito empenho em combater contra Castela, sobretudo pela falta de entusiasmo que reinava entre os soldados invasores.

De regresso à pátria, e selados todos os compromissos com o seu sogro, lançaram-se D. João I e dona Filipa de Lencastre numa cruzada nacional de moralização.

A família, célula-mater da unidade nacional, deveria dar exemplo de união ao poder estatal. Foi pela união familiar que este grande estadista iniciou o seu longo reinado. A sua mulher, a esta altura rainha dos portugueses, não mede sacrifícios no sentido de disciplinar e impregnar todos quantos consigo privavam no uso dos bons costumes. Esta mulher extraordinária, de costumes austeros, amável e educada, dava exemplos de rara felicidade a toda nação portuguesa. Dir-se-ia ter o reino de Portugal atingido um estágio de tal grandeza que se distinguia nitidamente dos demais reinos seus contemporâneos da Europa.

Portugal era uno. A paz viera. O casal real concebera seis filhos, todos de certa forma saudáveis. A nação toda era felicidade! Era a "Ínclita Geração", em cujas mãos a nação depositaria o seu futuro.

Reina a disciplina no seio da família real e no reino de Portugal. A voz de comando é emanada do poder central. O rei de Portugal exerce a suprema magistratura de norte a sul do País. Dele exalam a ordem, o respeito, a perseverança, enfim, as grandes decisões governamentais que só os grandes líderes têm condições e sabem como fazer.

Mas o rei tinha a seu lado uma mulher extraordinária, de raras virtudes, que logo soubera conquistar as simpatias dos naturais. Isto mesmo, dona Filipa dava exemplos de austeridade na corte de Portugal. Assim foram concebidos os seis filhos do casal reinante.

O amor foi uma constante na corte portuguesa. Os filhos dos reis de Portugal tinham nos pais fonte inspiradora das mais sublimes virtudes e do que era nacionalidade. A imagem dos feitos heroicos, nos campos de batalha, tinham os príncipes no grande condestável Nuno Álvares Pereira. E em cada uma das virtudes humanas, havia sempre um exemplo de inspiração na formação desta juventude da casa real. Nesta atmosfera de bem querer, estóica, cada um dos infantes foi conduzido a ocupar o seu lugar e a desempenhar o seu papel na história deste país de pequenas dimensões territoriais, todavia, de grande espírito e erudição a esta época.

O trabalho dos reis de Portugal não foi desempenhado ao acaso nem por mera coincidência. Poder-se-ia dizer hoje, foi um trabalho de laboratório a educação e a preparação para a vida nacional. Foi um trabalho voltado para as perspectivas futuras, visando o desenvolvimento e o fomento da nação portuguesa. Percebe-se esta vontade, se atentarmos como foram conduzidos os ensinamentos dos infantes. Evidenciam-se os fatos logo à primeira vista, quando já na juventude, a cada um dos filhos do casal real era determinada uma função. Logo, são evidentes as funções que cada um exercia dentro do governo nacional.

D. Duarte, por exemplo, por ser o primogênito, recebeu uma educação toda voltada para a arte de governar, o mesmo acontecendo com o príncipe D. Pedro. Mas tudo isso é muito natural, uma vez que o plano da família real era ter um príncipe à altura suficientemente preparado, sob todos os pontos de vista, para governar a nação. Por que assim o faziam? Por que preparar dois príncipes com aptidões para governar o Estado? Porque poderia acontecer algum desastre ao primogênito e, assim, acontecer a vacância ao trono, assumindo o uma pessoa despreparada. Esta preocupação da rainha em preparar dois filhos em perfeitas condições de assumir a governança da nação, em qualquer momento, induz a pensar que estávamos diante de um projeto e não de um mero casuísmo.

D. Duarte e D. Pedro, desde pequenos, sempre foram muito amigos, pela forma como foram educados, apesar de podermos dizer que todos os filhos de D. João e dona Filipa nutriam uns pelos outros grande amizade. Entretanto, sendo eles os mais velhos, poderia haver ciúmes, tanto da parte de D. Duarte, como da parte de D. Pedro. O que se sabe é que havia um grande respeito e uma profunda amizade entre ambos.

Já o Infante D. Henrique, o terceiro dos filhos do casal real, mais novo que D. Pedro quinze meses, separava os a educação que lhe era ministrada e o temperamento. Tinha, contudo, grande afeição pelos irmãos mais velhos, embora sua companhia predileta fosse a sua irmã princesa dona Isabel que, pela ordem, seria o quarto filho do casal.

Depois nasceu D. João e, por último, D. Fernando, a quem a história chamou de Benjamim da "Ínclita Geração". Estes foram os filhos de D. João e de dona Filipa de Lencastre, todos eles de grandes virtudes e dotados de uma finíssima educação.

Poderíamos escrever de cada um dos príncipes um capítulo em separado. Entretanto, citaremos algumas de suas principais virtudes, como também os principais episódios e sofrimentos de cada um. Pois se fossemos narrar tudo teríamos de escrever um livro de algumas centenas de páginas para contar o que foram e fizeram os ilustres filhos de D. João.

Di-lo Zurara, e muito bem, quando se refere aos filhos de D. João: "Ter um filho educado, obediente e culto é uma felicidade, porém, ter cinco filhos todos com estas qualidades, já não é somente ser feliz, é uma dádiva de Deus". Realmente o grande cronista nacional tinha toda razão.

Os filhos de D. João e dona Filipa eram pessoas de raras virtudes, e como dizia o cronista: "Não apenas um ou dois eram virtuosos, mas todos eles tinham altos predicados, e qualidades sublimes". Daí ser cognominada de "Ínclita Geração".

D. Duarte, o Eloquente

Voltando a D. Duarte, queremos fazer algumas referências ao cognominado "Eloquente", para o leitor perceber porque Portugal tomou a vanguarda no que concerne aos tempos modernos. Para não fazer afirmações temerárias, calçamos a nossa tese em fatos comprobatórios, dentro daquilo que a história nos legou.

D. Duarte nasceu em 1391 na cidade de Vizeu, num ambiente de muita alegria, de festejos e regozijo para a nação portuguesa. A rainha tinha concebido um filho varão, o que equivalia a dizer que a continuidade da dinastia estava assegurada.

O príncipe português tinha ascendência de grandes homens. Pelo lado paterno, descendia de Afonso Henriques, o grande fundador da pátria, o campeão, terror dos mouros; e de Afonso IV, o bravo que salvara a independência da Península Ibérica na Batalha do Salado; de D. Diniz, o rei trovador, o lavrador, e de D. Pedro. Do lado materno, era digno descendente dos ingleses Eduardo I e III e de João de Gante, o padroeiro das letras. Eis aí a forte razão de o nosso D. Duarte ser figura marcante também nas letras. O cognome de Eloquente não o ostenta D. Duarte por mera casualidade, mas por seu real talento, pela sua capacidade e pelo seu amor às letras.

Mas D. Duarte não se dedicava exclusivamente às letras, dedicava-se com grande desenvoltura aos esportes, sendo um dos melhores cavaleiros do reino no seu tempo. Poder-se ia dizer que quase atingiu a perfeição.

Organizador, talentoso, esportista e de uma eloquência ímpar, tinha um gosto pela cultura fora do comum. A maior parte da sua vida dedicava a aos estudos. Este amor à ciência e à cultura corria-lhe nas veias, herança dos seus ancestrais.

Efetivamente, nestes tempos não era muito comum um relacionamento deste tipo entre irmãos, ainda mais quando se sabia da herança de um reino. Mas a rainha tinha sabido educar os seus filhos, estimulando a amizade entre os príncipes. É necessário lembrar que esta fraternidade e carinho não existiam tão somente entre D. Duarte e D. Pedro. Reinava estes mesmos sentimentos entre todos os filhos do casal real. Todos, sem exceção, respeitavam-se e amavam-se muito. D. Henrique, dona Isabel, D. João e o Benjamim.

D. João I, por exemplo, deixava transparecer uma grande preferência por D. Henrique. Contudo, tanto D. Duarte quanto D. Pedro nunca se incomodaram com isso, posto que sabiam também que D. Henrique, mesmo sabendo desta especial atenção, nunca usou isto para tirar proveito para si.

A corte de Portugal vivia dias de felicidade. Atingira a ética da realeza na plenitude da harmonia e do equilíbrio dos seus mandatários. Parece mais uma universidade, que a sede do governo. Dá o exemplo o próprio rei: mesmo com o enorme trabalho de conduzir os negócios do Estado, ainda lhe sobra tempo para escrever um livro sobre montaria. Depois é D. Duarte que, a exemplo do pai, desenvolve enorme trabalho literário, escrevendo vários livros de poesia e prosa.

Destes últimos, destaca-se o *Leal Conselheiro*[2] (um ensaio sobre variados temas onde a moral e religião têm especial enfoque) e o *Livro da Ensinança de Bem Cavalgar Toda Sela* (em forma de manual para cavaleiros). Nestas obras, O Eloquente (especialmente em *Leal Conselheiro*), demonstra as grandes virtudes do seu progenitor, observando o pesado fardo que é o governo de uma nação.

De estatura elevada, cabelos louros, figura facilmente distinguível entre outras pessoas, tinha D. Duarte grandes qualidades como a serenidade, a ponderação, e uma vontade incalculável de chegar à perfeição. Já D. Pedro, muito parecido fisicamente e dotado de grandes predicados, era mais prático

2. *Leal Conselheiro* – D. Duarte – Atualização ortográfica, introdução e notas de João Morais Barbosa.

do que seu irmão, mais determinado. Ao Eloquente sobrava paciência, em adquirir conhecimentos concernentes à cultura através de uma metodologia científica, estudando os grandes filósofos da antiguidade. Já D. Pedro granjeou incalculáveis conhecimentos viajando por quase todo mundo conhecido da época. Todas as cortes da Europa o príncipe luso visitou e dessas viagens tirou uma gama de conhecimentos nos mais diversos campos, relativos à sua formação intelectual. De onde se conclui que pelo incalculável manancial de experiências, umas adquiridas pela filosofia, isto é pelo método do conhecimento científico, outras através do empirismo, havia uma complementação nestas duas altas figuras da corte do Mestre de Avis.

O leal príncipe D. Pedro

D. Duarte e D. Pedro eram muito amigos. A pouca diferença de idade, de apenas um ano, seria uma forte razão para tal amizade. Jovens ainda, levavam a vida da corte a sério, muitas vezes se aconselhavam e estes mútuos pareceres, que escreviam um para o outro, serviam de fonte de meditação futura. A exortação à prática das virtudes era uma constante entre estas duas criaturas. Tanto D. Duarte como D. Pedro dominavam

Infante D. Henrique

vários idiomas. Jovens, leais um para com o outro, jamais se deixaram influenciar por intrigas ou falatórios da corte, tão em voga nestes tempos. Ambos tinham um profundo amor às letras e às artes, tendo como complemento de todos estes predicados, uma exemplar dedicação às causas do governo.

O futuro rei de Portugal, D. Duarte, burocrata e administrador por excelência, a exemplo de seu segundo irmão, não era político, e também não era tão prático como D. Pedro. As qualidades destes ilustres filhos de D. João e dona Filipa – que, em certo momento, fizeram a história lusa tão cheia de atos de bravura e desprendimento, abriram os olhos ao mundo para o despertar de uma nova época. As virtudes dos príncipes evidenciam-se à medida que a nação cresce. Nunca os conselhos de um para com o outro são levados em conta no sentido de diminuir, mas sim, como incentivo à sabedoria e ao conforto do foro íntimo de cada um.

D. Pedro dizia em suas homilias ao preclaro irmão: "Vós sois a pessoa deste mundo que eu mais amo". E D. Duarte por sua vez escrevia a D. Pedro dizendo estas palavras: "Ó Infante D. Pedro meu, sobre todos, prezado e amado irmão". Vê-se assim quanto amor e carinho ambos cultivavam um pelo outro.

D. Henrique, o Navegador

Depois de tantas figuras das mais expressivas, viriam ainda outras tantas que, se não se sobrepujavam àquelas, não se deixavam ofuscar pela clarividência daqueles, como D. Henrique, que ninguém pode afirmar ao certo, quais os seus pensamentos, os seus caracteres, a sua personalidade. Sabemos apenas que era um homem enigmático, perspicaz, inteligente, persistente, arrebatador, corajoso, indócil e, por incrível que pareça, também indolente. Da sua indolência, queremos dizer algumas palavras para que dúvidas não pairem sobre o seu comportamento em certos momentos da sua vida. Dizem que o Infante D. Henrique, ao mesmo tempo em que cavalgava um dia e uma noite sem descansar, outras vezes prostrava-se em qualquer lugar, ficando assim horas e horas a fio. Para as pessoas de sua época eram um pouco estranhas estas atitudes do príncipe. Todavia, hoje, percebe-se que esta lentidão de movimentos deveria ser algo de foro íntimo, no amadurecimento de qualquer ideia para depois pôr em prática aquilo que lhe ia ao pensamento.

Este místico príncipe que, em primeiro lugar, antepõem as coisas divinas à sua percepção como cientista, leva no peito uma crédula fé em Cristo. Converter os gentios à fé cristã parece ser a sua grande finalidade.

Depois de armado cavaleiro em Ceuta, juntamente com seus irmãos mais velhos, pediu D. João que os suprimentos da praça de Ceuta fossem comandados pelo Infante D. Henrique. As melhores demonstrações de senso de responsabilidade foram dadas pelo jovem príncipe. Até certa idade, ainda era encontrado na disputa de torneios, e em festas, convivendo com os irmãos na corte. Mas a certa altura de sua vida, o isolamento deste invulgar homem das ciências foi quase total. Tinha uma ideia fixa: descobrir o que há para além dos ignotos oceanos.

Circunstancialmente, pelo falecimento do Grão Mestre da Ordem de Cristo, D. Lopo Dias de Sousa, passou a administrar os bens de tão poderosa ordem, o Infante D. Henrique. De posse dos opulentíssimos recursos, fomenta o príncipe a vinda de alguns famosos homens da ciência universal, para consigo trabalhar. Entende, porém, que deve construir em algum lugar do país, uma escola apropriada para os ensinamentos à ciência da navegação, posto que os movimentos marítimos já comportam este esforço.

Pesquisa um lugar onde deva ser adequado à finalidade que se propõe. Encontra em Sagres o convite ao seu enlevo. Parte para construção da Vila do Infante, juntinho ao Cabo de São Vicente. A escolha do lugar não poderia ser mais feliz, longe da confusão das grandes cidades (perto do mar é o tipo de lugar convidativo à meditação).

Instalado ali naquela ponta rochosa, avançada mar adentro, mais parece a proa de um grande navio trazendo atrás de si todo o resto da Europa, de onde o seu comandante, D. Henrique, comanda com grande perícia e destreza.

A princesa Dona Isabel

Fomos já muito longe falando do pai da navegação universal. Antes porém gostaríamos de falar da sua vida enquanto menino. Quinze meses mais novo que D. Pedro, a sua companhia predileta era a irmã, a princesa dona Isabel, apesar de querer muito ao príncipe D. João e ter um carinho especial por D. Fernando, de quem era padrinho.

Dona Isabel, mais nova que D. Henrique quase três anos, também adorava o seu irmão. Tendo perdido a mãe muito nova, era ela a única mulher pertencente à "Família Típica" da corte portuguesa.

Dona Filipa, já no último suspiro de vida, pedira a D. João (seu marido) que possibilitasse um casamento digno para sua filha. D. João comprometeu-se a arrumar um marido digno para sua jovial filha. Entretanto, o tempo passara e, quando o rei pensou no casamento da filha, esta já contava com mais de trinta anos. Mas o rei não era homem que faltasse a seus compromissos e assim tratou de arranjar um pretendente à mão da filha, nas cortes da Europa. Foi então que apareceu o grande pretendente para nossa ilustre e educada princesa.

Pintores exímios se deslocaram à corte portuguesa com a intenção de levar depois o retrato da nossa princesa, para ver se este agradaria ao opulento Filipe, o Bom da Borgonha.

Ficara o duque impressionadíssimo com a beleza de dona Isabel, e no melhor estilo e luxo da opulentíssima Casa de Borgonha foram tratadas as bodas.

Para dona Isabel, não foi nada fácil trocar os simples e alegres palácios de Portugal, pelos luxuosos, mas lúgrubes palácios da Borgonha. Porém, a filha de dona Filipa teve educação exemplar (pois pertencia à "Ínclita Geração") e, como tal, não poderia de maneira nenhuma se distanciar dos propósitos e dos parâmetros da sua educação.

A princípio, iniciou um trabalho hábil e cativante sobre os membros da corte de seu marido, o que, aliás, foi muito auspicioso na trilogia da "Família Típica", isto é, respeito à família, amor à pátria e ideal católico, pois o duque seu consorte nada tinha a ver com estes ideais. Tinha a princesa mais de trinta anos quando se casou. Era de aparência muito mais jovem, o que de certa maneira impressionara muito a corte do seu marido. Detentora de raras virtudes, como toda sua família, apercebera-se dona Isabel, bem cedo, da vida desregrada de Filipe. Porém, não pretendeu a nossa princesa tolher estas liberdades. Filipe teve todas as liberdades que quis no seu casamento, entretanto uma condição lhe foi imposta pela mulher: o respeito à família e ao lar. Destas condições foram tirados bons e proveitosos frutos, altamente benéficos para o ducado de Borgonha.

Evidentemente, não podemos idolatrar a filha de dona Filipa, contudo a verdade precisa ser creditada à princesa. Carlos, o Temerário, filho de Filipe, o Bom, e dona Isabel, que viria a ocupar mais tarde o lugar de seu pai, que disputou o trono da França, muito deveu à sua genitora. Dizem que tudo de bom que Carlos tinha era devido à sua mãe, e se mais não lhe chegou a ser transmitido, foi porque não houve clima propício a isso. Mas, o neto de D. João I de Portugal, esteve dentro daquilo que se propôs a fazer, sempre à altura de um descendente da dinastia de Avis. Não foi feliz, é verdade, mas soube morrer como um herói, pelo seu idealismo, como seus antepassados portugueses.

Merece dona Isabel, como pertencente à "Ínclita Geração", o maior respeito de nossos historiadores, por ter sabido educar seu filho nos moldes pelos quais foram educados todos os descendentes da dinastia de Avis.

A duquesa de Borgonha de hoje foi a princesa de Portugal de ontem. Não é fácil esquecer o berço em que nascemos, ainda mais quando é ele construído sobre pilares estruturados num sólido amor. Dona Isabel, a única filha dos monarcas portugueses, que tão bem souberam edificar a "Família Tipo" em Portugal, jamais poderia macular a casa real de seu pai. Filipe, o Bom, não tivera qualidades de bom pai, mas dona Isabel, preencheu todas as lacunas deixadas pelo marido, pois, educou Carlos ao modo dos príncipes de Portugal. Esta foi a princesa de que tanto nos orgulhamos.

O simples e feliz príncipe D. João

Depois de dona Isabel, um quarto filho foi concebido por D. João e dona Filipa. Cronistas apontam este filho do casal real como sendo o mais feliz de toda a geração. Herdara ele o nome de seu pai. Tinha um modo simples de viver, sem se importar com a vida política da corte, muito menos com os descobrimentos marítimos. Levava o príncipe D. João uma vida toda voltada para as caçadas e festejos populares.

Pelo seu temperamento folgazão e distante dos grandes acontecimentos nacionais, este filho de D. João não é muito conhecido do grande público. Sabe-se no entanto do seu poder de oratória, pois recebera cultura à altura de um príncipe da "Ínclita Geração". Ainda muito novo, casou-se com uma filha do conde de Barcelos e, pelo que se sabe, tanto na vida conjugal, como nos outros setores da sua vida, sempre viveu muito feliz.

Teve o príncipe D. João interferência apenas uma vez na vida política nacional. Esta foi para opinar sobre a conquista de Tânger, jornada difícil no reinado de D. Duarte. Este movimento teve sua origem, de certo modo, na precariedade em que se encontrava a praça de Ceuta, sobretudo porque era o único posto avançado de Portugal na África, mas ainda mais na insistência de D. Fernando de ser armado cavaleiro, como haviam sido seus irmãos em terras da África.

D. João fora consultado pelo rei seu irmão sobre esta decisão governamental, aliás todas as forças vivas da nação também foram. O rei de Portugal detinha realmente todos os poderes em suas mãos, dele advinham todas as ordens referentes aos setores da vida pública e à política nacional, mas, quando se tratava de pôr em risco a segurança do Estado, a norma estabelecida era ouvir a opinião dos mais argutos e dos homens de maior responsabilidade dentro do governo. Foi isto que D. Duarte fez quando seu irmão, o príncipe D. João, num brilhante e bem concatenado discurso disse:

– Não assumi nenhum tipo de compromisso pelo seguinte: a guerra contra os infiéis poder-se-ia considerar sob dois aspectos, o da cavalaria e o do siso. "Suas regras sãm muy desvairadas". Iniciou o seu discurso dizendo que era insensato fazer guerra quando a isto não se era obrigado. E perguntava aos presentes se era verdade servir a Deus arrastando o povo para uma cruzada sem saber se este estava disposto a isto.

E ponderava que os fidalgos e os cavaleiros, estes iam sem dúvida de boa vontade, mas aqueles, a gente do povo, detestavam abandonar os seus lares as suas plantações etc. Iriam certamente, mas contrariados e desgostosos por deixarem suas famílias, suas aldeias, enfim, seus entes queridos. E depois, quais os méritos que alcançariam em matar muçulmanos? Lançando por fim esta indagação aos presentes: "Quais seriam as dádivas de Deus se matássemos mouros? Não seria o mesmo matar mouros ou cristãos?" Em tom ponderado e bem cadenciado, aos poucos foi discorrendo sobre o sacrifício que representaria para a pátria ver seus soldados alijados numa guerra interminável, pois se era difícil manter uma praça no Norte da África, quanto não seria manter duas? No seu entender, seria temerário ir combater tão longe os sarracenos e, com muita convicção, apresentou várias hipóteses desfavoráveis à campanha.

Porém, logo observou presentes vários homens ilustres do reino que apoiam a ideia. Então, dando uma ênfase toda especial ao discurso, evoca grandes personagens da história universal, estabelecendo parâmetros entre o rei de Portugal e tais personagens. Assim relata Rui de Pina, na *Crônica de D. Duarte*, cap. XVII.

– Começou evocando Alexandre, o Grande, dizendo que se Alexandre, ao lançar-se na sua campanha de conquistas, tivesse consultado as prudências inibitivas do siso, jamais teria sido cognominado de Grande. Sua grandeza estava diretamente relacionada com os seus feitos heroicos. Depois falou de Roma: "Nunca seria senhora do mundo se se abstivesse na caminhada das conquistas das outras nações? E para terminar aduziu "para que ir buscar exemplos alheios, se na verdade os tínhamos dentro do próprio reino. Nossos soldados, nossos heróis já nos deram exemplos de coragem suficiente para levar avante tão relevante feito." E num fecho de ouro arrematou o seu discurso com estas palavras: "Senhor, não deveis d'esta empresa desistir por sermos pobres. Cá os abastados nas necessidades e contentes da vida que têm não buscam com suor e trabalho os haveres estranhos. Pelo qual parece que a honra por estas razões aconselho e aprovo esta guerra para haverdes de prosseguir, e além da fortuna, achando vos ousado, vos ajudará ainda quem tal feito com boa esperança e limpa vontade cometer."

Assim como aparece, termina rapidamente D. João a sua carreira política. Não que não tivesse condições intelectuais e capacidade para a vida pública, mas sim porque não era este tipo de vida que gostava de levar. Vale lembrar que se chamado a intervir nos assuntos do Estado sabia desvencilhar-se de qualquer missão a este pertinente. D. João foi, como todos seus irmãos, um digno representante da "Ínclita Geração". Não ao estilo de D. Duarte, D. Pedro, D. Henrique ou até mesmo de D. Fernando, todavia à sua maneira também soube muito bem representar a "Família Típica" de Portugal.

D. Fernando, O Benjamim

O mais novo dos príncipes da "Ínclita Geração" foi D. Fernando, também chamado de O Benjamim da geração de ouro. D. Fernando em nada se parecia com seus outros irmãos, enquanto estes eram atléticos, desenvoltos e musculosos, o Benjamim nunca gozou de boa saúde. De estatura franzina, disto tinha grande tristeza e desgosto. Nascera em precárias condições, talvez pela avançada idade de dona Filipa.

A dificuldade do parto deixou profundamente debilitados tanto a rainha como o príncipe. Esta carência de saúde limitou as ações do infeliz príncipe, não podendo por isso dedicar-se aos esportes e à cavalaria, escolheu a vida religiosa, à qual se dedicou de corpo e alma. Os estudos eclesiásticos a devoção à fé cristã foram abraçados com muito ardor e veneração. Esta foi a vida que levou até a idade de vinte e cinco anos. Entretanto, considerava-se perfeitamente feliz com a sua maneira simples de viver. As suas propriedades de Salvaterra e de Atcuguia davam-lhe subsídios suficientes para manter-se como um digno filho de D. João I.

Os melhores momentos de sua vida eram os dedicados às leituras dos grandes pensadores e muito especialmente dos santos, cujas vidas tinham sido dedicadas à fé cristã e ao amor a Deus. Dispunha D. Fernando de uma "grande e mui nobre livraria", no dizer dos seus contemporâneos. Pelo bem que fazia, entre as pessoas com quem convivia, logo o apelidaram de Santo. Muito amado por todos, jamais alguém passava fome enquanto em seus celeiros houvesse o que comer. Durante o mês do seu aniversário, reunia todos os pobres da redondeza, presenteando os com roupas e comida, até tudo se esgotar. Quando mais nada restava e aparecia alguém que não recebera nada, então o príncipe dava explicações tão agradáveis, que as pessoas ainda pediam desculpas por haver importunado.

Descompromissado com a vida mundana e política, levava os seus dias entregues ao serviço de Deus, como ele próprio dizia. Na sua casa havia uma capela que mandava celebrar missa cantada ao estilo da Catedral da Salisbury, com cânticos em coral, onde eram pregados sermões por ocasião das festas mais significativas da cristandade, e aos domingos de Quaresma. Assim, a vida do príncipe, apesar do seu estado de saúde, tornava-se agradável, simples sem grandes perturbações e de muita fé em Cristo.

Subiu ao trono D. Duarte em 1433. Um dos seus primeiros atos foi o de reunir os irmãos para lhe ajudarem na edificação de uma nação de sentimentos patrióticos, uma nação em que todos partilhassem das responsabilidades do engrandecimento nacional. Coube a D. Fernando dirigir a famosa Ordem de Avis. Cargo este que já havia sido ocupado por seu pai antes de ser rei de Portugal. Vale lembrar que este cargo era um dos mais importantes da vida nacional. Com isto, viu o Infante Santo terminar os seus dias em tranquilidade. Realmente para o príncipe trocar a vida espiritual pela vida mundana, não era muito fácil.

De temperamento escrupuloso e de sentimentos humanitários, era para o infante um martírio quando seus sequazes procediam mal com alguém. Estes eram os piores momentos da vida, que muito abalavam o seu espírito. Isto lhe trazia momentos de tristeza e de infortúnio. O alto cargo que ocupava determinava-lhe certas responsabilidades que muito desgostava ao seu temperamento.

Viajar por todo o país era uma das funções impostas ao Mestre da Ordem de Avis. Seria sofrível se tivesse apenas de viajar, mas viajar com uma comitiva imponente, demonstrar certa arrogância de comportamento e ostentação não eram para o Infante Santo. Incapaz de negar alguma coisa a alguém, caía numa depressão total quando as multidões de parentes dos seus cavaleiros lhe pediam coisas que não podia atender.

Muitas vezes a sua fortuna particular não era suficiente para cobrir os déficits da ordem. Era-lhe difícil conciliar este estado de coisas. Seu sofrimento aumentava cada vez que via comprometida sua situação financeira. Detestava pedir ajuda ao rei para subsidiar o orçamento da ordem. Além do mais, estava a comprometer a vida espiritual em favor da vida mundana, pela qual não tinha bastante vocação. Neste labirinto de ideias, não sabia o infante que resolução a tomar.

Felizmente, ao atingir vinte cinco anos de idade, melhorara de saúde. Tentando dar um novo rumo em sua vida, lembrou se que poderia emigrar para alguma corte de seus parentes, onde fosse menos pesada a sua vida. Ainda pensou em ir para a Inglaterra onde talvez os seus problemas fossem minimizados e onde poderia viver seus últimos dias. Certamente os primos do lado materno o ajudariam.

Começou a pensar seriamente neste assunto e ocorreu-lhe a ideia de oferecer algum feito de armas ao rei da Inglaterra. Cismou no assunto! Feito de armas? Este era outro assunto que nunca lhe ocorrera! Afinal, como príncipe bem que poderia pertencer a alguma expedição para combater os infiéis a Cristo. Pensava, pensava! Mas para isso não havia terreno mais fértil que Portugal! Para que ir para Inglaterra? Por quê? Mudou seus planos. Iria falar com o rei, seu irmão, e expor-lhe seus planos, caso este não concordasse, aí sim, iria mesmo para alguma nação estrangeira oferecer os seus préstimos.

Então veio à mente a praça de Ceuta, onde os irmãos tinham sido armados cavaleiros. Mas havia outras cidades no Norte da África, tão promissoras quanto Ceuta. Quiçá Tânger! Isto mesmo, Tânger seria uma grande conquista para Portugal! Já temos outras praças. Já temos Ceuta! Iria falar com o irmão sobre o assunto, o mais que poderia acontecer seria o rei dizer não, ou dar alguma desculpa menos convincente.

Um dia pediu audiência a D. Duarte, que imediatamente a concedeu. Iniciou por dizer da necessidade de sair do país, em virtude do seu estado de saúde ter melhorado sensivelmente, e como jamais tivesse tido qualquer experiência em questões bélicas, vinha rogar a seu muito amado irmão a oportunidade de ganhar as esporas em algum feito guerreiro.

Expôs então a D. Duarte o seu interesse em pertencer a uma expedição de Portugal, com vistas a combater os sarracenos no Norte da África, mais precisamente Tânger.

D. Duarte cortesmente disse que para fora do País jamais! Entretanto combater os sarracenos infiéis a Cristo era uma viabilidade não descartável no panorama nacional. Antes, porém, havia necessidade de reunir as cortes e, dentro do que estas decidissem, talvez fosse possível ir novamente à África, como era o desejo do Infante D. Fernando.

O rei, como fizera seu pai, iniciou um trabalho de pesquisa no seio das forças políticas da nação, visando saber e obter o apoio maciço nacional. Houve de certa forma uma divisão de opiniões. Opinavam uns que Portugal deveria formar um grande exército e tomar todo o Norte da África aos muçulmanos. Outros eram favoráveis somente à conquista de Tânger. Outros divergiam de uma e de outra opinião, isto é, achavam que não deveriam sair de Portugal para fazer guerra a ninguém. Afinal, todas aquelas praças eram muito distantes do reino e custaria muito mantê-las uma vez conquistadas. Pois não tinham o exemplo de Ceuta, que já dava bastante trabalho e despesa para mantê-la sob seus domínios? Imaginem então manter mais cinco ou seis cidades em tais circunstâncias! Então as opiniões estavam divididas. Mas o rei sabia do entusiasmo de seu irmão mais novo que queria combater os mouros, porque ele próprio já sentira a mesma euforia quando seu pai lhe prometeu e a seus irmãos a tomada de Ceuta.

Tarefa difícil para o rei de Portugal contentar a todos. Os opositores da ideia da conquista de Tânger não achavam justo expor os exércitos de Portugal a um fracasso. Por outro lado, o Benjamim deveria ser armado cavaleiro por algum merecimento heroico, visto ser certa a sua pretensão em abandonar o país. Foram convocadas as cortes, ouvidos todos os setores da vida pública e política da nação e todos os ministérios. Ocorreram discursos dos mais inflamados, como o do Infante D. João, e por fim decidiu-se ir a Tânger.

VIII – Desastre de Tânger

FUNDAMOS NOSSO PONTO DE VISTA de ser Portugal o primeiro país da Idade Moderna a partir do reinado de D. João I por entendermos ser a Idade Moderna um momento histórico, político e social de certa forma abrangente, especialmente marcado pela autoafirmação das nações.

Demonstramos com fatos e argumentos a transformação da sociedade portuguesa e, mais ainda, a metamorfose no governo de Portugal a partir da subida ao trono do preclaro Mestre de Avis. Na expedição a Tânger, confirma se, peremptoriamente, esta realidade quanto à história, ao momento político e ao status quo da sociedade portuguesa. Costumavam os reis dos tempos medievais acompanhar seus exércitos onde quer que estes fossem. A figura principal das guerras d'antanho era o comandante-em-chefe de todos os exércitos, o rei, ainda que estes exércitos pertencessem a vários senhores, como já tivemos oportunidade de declinar. Acabadas as batalhas, cada senhor feudal levava consigo as tropas sob seu comando. O senhor duque retirava-se para seu ducado, o conde para o condado e assim sucessivamente, conforme determinava a hierarquia nacional.

A decisão de ir a Tânger foi exclusiva do rei D. Duarte, porém, o comando dos exércitos portugueses foi confiado a D. Henrique. Mas por que teriam sido entregues os exércitos sob o comando do Infante D. Henrique e não ao rei, certamente perguntará o leitor. Ao rei cabe toda a administração nacional, ao rei cabe uma série de assuntos pertinentes ao Estado Moderno, não podendo este prescindir de sua presença física por tempo nenhum. Precisa, portanto, a nação como um todo da presença do chefe de governo, e logo chefe de Estado, para decisões de maior importância do que uma simples batalha. Leva nos a crer estarmos diante de uma administração moderna. D. João I havia iniciado a formação de uma nação moderna, o seu filho dera-lhe os contornos necessários que mutuamente a delinearam.

D. Duarte entregou o comando das tropas a D. Henrique. Este D. Henrique, prudente e calculista no comando da Escola de Sagres, sereno na condução dos descobrimentos marítimos, infelizmente não tem a mesma serenidade quando se trata de combater os inimigos da fé cristã. A verdade é que, quando o Infante de Sagres se defrontava com assuntos relativos aos inimigos de Cristo, toldavam se-lhe os sentidos, e uma cegueira quase total e um furor brutal invadiam-lhe a alma, como se pretendesse exterminar a todos num só golpe.

Sabia o rei D. Duarte desta sua falta de equilíbrio, por isso escreveu ao infante os conselhos e ponderações que o irmão deveria jurar cumprir. Os conselhos, cuidadosamente escritos do próprio punho do Eloquente, eram para ser seguidos à risca pelos dois membros da casa real: D. Henrique e D. Fernando.

Começaram os preparativos para a grande conquista. Desta vez sem sigilo, como acontecera com Ceuta. Toda a nação tinha conhecimento da grande expedição portuguesa à terra africana. Arregimentam-se soldados por todo o país para combater os muçulmanos.

As tropas portuguesas embarcaram em Lisboa no dia 23 de agosto de 1437. Cinco dias depois, juntavam-se às do Porto na cidade de Ceuta. D. Henrique, passando a tropa em revista, verifica ser o número de homens muito inferior àquele que lhe haviam prometido. Mesmo assim não desanima. Confia na proteção divina. Fala consigo mesmo: – Deus o Quer! Os preparativos para incursão à praça de Tânger são excessivamente demorados, dando tempo ao inimigo de se armar na defesa da cidade.

Só a 9 de setembro as tropas portuguesas saem de Ceuta rumo a Tânger. Deu muito tempo ao inimigo de se preparar na defesa da praça cobiçada pelos lusitanos. Depois de quatro dias, o exército português avistou as muralhas da cidade.

Imediatamente sitiaram a bela praça. Durante mais de um mês os ataques das tropas lusas foram rechaçados. O malogro dos ataques serviam de incentivo às hostes adversárias. Aos poucos os muçulmanos vão engrossando as suas fileiras, enquanto isso os reforços pedidos à metrópole não chegam. O inimigo cria moral, de sitiantes passam os lusos a sitiados. Mas os portugueses não perdem a coragem. A mesma fleugma que emoldurou a ala dos namorados em Aljubarrota inflama o heroico exército português. Mas já não há mais mantimentos para resistir por muito tempo. Há que se negociar uma saída honrosa para as tropas lusas. Os mouros aceitam negociar, mas em que termos? Só negociam com os portugueses se estes lhe restituírem a praça de Ceuta. Portugal pondera estas negociações. Precisa de tempo para pensar melhor o que convém à nação. As negociações demoram alguns dias. Por fim, pondera-se que ante uma derrocada de maiores proporções, é preferível aceitar a de menor prejuízo para o reino. Contudo, os muçulmanos exigem um príncipe como refém, para garantir o compromisso até a consumação da entrega da cidade de Ceuta.

Oferece-se D. Henrique como refém ao sacrifício. (Com esta atitude demonstra D. Henrique o desinteresse pelas coisas materiais em favor da imolação espiritual, não deixando dúvidas quanto ao seu desprezo pelas ambições mercantilistas, como muitos lhe atribuem.) Não consente D. Fernando. Parece-lhe imprudente o irmão deixar-se ficar cativo dos mouros, porquanto é ele indispensável ao prosseguimento dos descobrimentos marítimos. Deve ficar ele D. Fernando. Diante da resistência do irmão, consente D. Henrique fique cativo o Benjamim.

Cabe aqui uma pergunta: será que D. Fernando acredita na sua liberdade em troca de Ceuta? Será que D. Fernando acreditava em sua troca por uma conquista onde tantos heróis perderam a vida para conquistá-la? Parece que não! Parece que o Infante Santo sabia que os seus últimos dias seriam de cativeiro. Parece mais certo ter o nosso Benjamim a certeza, ao se entregar a seus algozes, de que nunca mais viria pisar o solo pátrio. Esta foi talvez a primeira e única convicção do grande mártir de Tânger.

Neste instante, escrevia-se com letras de sangue uma das mais lindas páginas da história de Portugal. A serviço da Pátria e de Deus, o Infante Santo se emoldurou em sua candura beatificada, dispondo daquilo que mais sublime tinha para servir seu Deus e sua Pátria. A história de Portugal está repleta de exemplos como este. Destes exemplos foi construída a grandeza da nação portuguesa.

A sabedoria de D. Duarte

O cativeiro de Benjamim feriu profundamente o rei Eloquente. D. Duarte, afetado pelo sentimento de culpabilidade, sofrera tanto quanto o próprio irmão em poder dos muçulmanos. Escrupuloso em seus deveres, chegava até as fronteiras do masoquismo.

Dizem ser as obras literárias do Eloquente um fidelíssimo retrato de sua personalidade. O livro *Leal Conselheiro*, por exemplo, exprime a autobiografia dos sentimentos deste grande monarca. Os pensamentos filosóficos e os conselhos desta monumental obra seria como um guia espiritual que gostaria de ensinar aos súditos da nação portuguesa. Totalmente voltado para a moralidade, descreve Rui de Pina, cronista escreveu a crônica de D. Duarte: "Sisudo e de claro entendimento, amador de sciencias de que teve grande conhecimento, e não por discurso d'escolas, mas por continuar d'estudar o ler por bons livros". Esta é imagem que legou o seu biógrafo.

Amante das ciências, como revela este belo retrato de filosofia e de moral cristã, quais seriam as fontes onde nosso monarca iria buscar tantos e tão vastos conhecimentos? Dizem que o velho e novo testamento eram ambos citados com abundância pelo Eloquente. Conhecidos eram também Cícero, Aristóteles, Sêneca. As máximas de Platão também surgem a cada momento com ele convivido. Da literatura científica conhecia desde as obras de Avicena às viagens de Marco Polo. No *Direito Canônico e Teologia*, leu e estudou São Tomás de Aquino e São João Cassiano, tendo deste último sempre algum trecho consigo da sua maior obra as *Collationes*. Conheceu e leu obras de Monorato Bonet, Hugo de São Vitor, Vicente de Beauvais, Boécio, Raimundo Lúlio, Gil de Roma, João de Lignano etc.

D. Duarte tinha conhecimentos enciclopédicos, além de dotes personalíssimos, o que nos leva a afirmar que foi quase perfeito, não só pela sabedoria, mas pela doçura e finura com que tratava os seus semelhantes. Não são raras as vezes em que os mais ilustres homens de letras de seu tempo se vêm aconselhar e submeter seus trabalhos literários às críticas do Eloquente. Até ilustríssimo Diogo Afonso Manga Ancha, maior doutor nos assuntos jurídicos da época, vem curvar-se à sabedoria de D. Duarte. Não por ser ele o rei, mas sim por trazer no seu saber conhecimentos profundos sobre os mais diversos assuntos.

Estilista, pensador, erudito demonstra grande sensibilidade também na arte de governar. Os minguados cinco anos à frente do governo de Portugal foram marcados por vários infortúnios, mas assim mesmo houve grande progresso em toda a nação.

Se seu reinado foi curto no tempo, em contrapartida foi longo e profícuo em realizações, leis e normas científicas de governar, graças ao espírito evoluído e à inteligência deste ilustre monarca.

De conhecimentos enciclopédicos, aplica os na difícil arte de governar. Reformas da maior importância foram executadas, devendo-se isto naturalmente ao seu grande talento administrativo. Legislou e promulgou várias leis necessárias à administração pública, sendo a de maior ressonância a célebre *Lei Mental*, que já nos referimos em outro capítulo. Trazia esta lei em seu bojo o principal objetivo de não deixar o trono de Portugal sem um herdeiro varão, como acontecera na sucessão de D. Fernando, quando se dera a vacância da Coroa real, causa principal das guerras entre o rei de Castela e D. João, Mestre de Avis. Julgava-se o rei de Castela com direito ao trono de Portugal por ser casado com a única filha do rei formoso com dona Leonor Telles. Outro enfoque desta sábia lei foi regular o poder econômico, de certa forma conspurcado da ação do Estado, em detrimento dos semitas e de alguns grandes senhores.

D. João, para atrair capitais estrangeiros tão necessários ao desenvolvimento, teve de fazer algumas concessões. Beneficiaram-se algumas famílias, assim como os judeus que haviam transferido capitais de outros países. Apesar de D. João tentar por todos os meios segurar-lhes a sanha do monopólio, por vezes não dispunha de leis instrumentais para deter esta sanha. Mesmo ao rei, que detinha toda a autoridade, o poder econômico mostrava-se arrogante e autoritário. D. João, sentindo esta dificuldade, sempre comentava com o filho a necessidade de uma lei que desse maior estabilidade ao Estado, em relação a estes potentados.

De outro lado, os semitas, organizados e poderosos economicamente, pretendiam formar o Estado dentro do Estado. Conhecia D. Duarte, desde longa data, as intenções deste poder econômico e de há muito vinha acompanhando os movimentos destas classes. Assim, para tolher-lhes suas ambições, fulmina os com a sábia *Lei Mental*. De uma vez por todas também a referida lei dá legalidade à sucessão dos herdeiros da Coroa portuguesa. Pela nova lei, somente pode ser rei de Portugal filho varão, sendo excluídos os colaterais e as mulheres.

De outro lado, admite-se saírem desta lei as primeiras conjecturas para um código unificado. Realmente a ideia de unificar as disposições parcelares, muitas vezes contraditórias, começa a germinar entre os nossos juristas a partir da eficácia que a *Lei Mental* atingiu. O próprio rei, talvez o maior observador dos preceitos legais chega a essa conclusão. Por isso dá apoio aos legisladores e juristas para que estes estudem uma fórmula de unificar todas as leis esparsas. Daqui provavelmente nasceria o germe das nossas Ordenações Afonsinas, que mais tarde foram promulgadas por D. Afonso V, sendo certo e notório serem elas fruto da clarividência do Eloquente.

Dos reis lusos, nenhum deles foi tão honestamente cognominado como D. Duarte. Salvo o fundador Afonso Henriques, que teve o grande mérito de fundar a nação portuguesa. Mas o Eloquente bem merece este cognome, pois no seu tempo foi o mais ilustre homem de letras de Portugal.

O desastre de Tânger deixou profundas marcas no espírito sentimentalista de D. Duarte. O sentimento de culpabilidade e o grande amor que tinha pelo Benjamim, cativo dos mouros, aos poucos foi-lhe minando a saúde. Desgostoso, pesaroso, tornou-se presa fácil para o leito da morte. A 9 de setembro, o destino implacável, algoz da "Ínclita Geração" mais uma vez sacode prematuramente a ilustre família real. Sucumbe na flor da idade o nosso talentoso monarca, na alvorada do sentimento nacionalista. O despertar de toda a nação pelo amor à Pátria deu-se no reinado de D. Duarte, partindo do próprio rei os mais expressivos exemplos de idealismo e abnegação a fazer vibrar os menos crédulos. Fê-los beber o cálice revigorador do sentimentalismo nacional.

Perda irremediável para Portugal e muito grande para o mundo cristão, enfim, perda irreparável para o mundo das ciências e letras. Não quis Deus dar, a seu maior seguidor no mundo dos pecadores, a alegria de ver seu irmão livre do cativeiro que tanto o magoara. Lamenta-se o próprio rei no leito da morte, mas morre resignado com o coração sangrando no desgosto amargo de não se achar competente para salvar o próprio irmão.

O Infante Santo cativo

O cativeiro de D. Fernando foi doloroso. Depois de saber da morte de D. Duarte, se poucas esperanças tinha do seu resgate, aí perde toda e qualquer remota ideia de se ver livre. Ainda os companheiros de cativeiro tentaram persuadi-lo de que outros seus irmãos, de muito bom coração, viriam de alguma forma resgatá-lo. Entretanto, o príncipe sabia que se o irmão tinha sido rei e nada pôde fazer, muito menos o novo monarca, desconhecedor das causas que o levaram ao cativeiro, faria alguma coisa para minorar os seus sofrimentos.

João Álvares, cronista do Infante Santo, comenta as tristes palavras que teria o mártir de Tânger proferido quando soube da morte de D. Duarte: "Se Elle Finado He... A Minha Vida Como Meu Cativeiro, Ambos Juntamente Farom Fim". Realmente o presságio de D. Fernando dera certo. O único a lamentar o cativeiro do Infante Santo fora D. Henrique. O navegador, depois do desastre de Tânger, vestira-se de luto carregado não o tirando mais enquanto viveu.

A morte de D. Duarte deixou uma lacuna na vida política e administrativa da nação, pois o seu filho, ainda menor de idade, não tinha condições de administrar o país. De outro lado, o rei deixara em seu testamento expressa sua última vontade, de ser a rainha regente durante a menoridade do filho. Volta-se à mesma situação de status quo ante, quando da morte de D. Fernando, o "Formoso". As classes políticas, o povo, ninguém aceitava uma estrangeira regendo os destinos da nação. Duas facções se formam pela disputa do poder. De um lado, os partidários da rainha regente, pelo testamento do próprio rei. De outro, os partidários do príncipe D. Pedro, o legendário cavaleiro andante de Portugal,

Enquanto se trava a luta política para saber quem deveria dirigir os destinos da nação, o príncipe D. Fernando fora transferido da prisão onde se encontrava, em Tânger, para Fêz, tendo como seu algoz o Vizir Sala bem Sala.

As negociações ainda estavam em andamento, quando neste lapso de tempo, o Vizir a quem estava confiada a guarda do infante também morreu ficando encarregado das negociações um outro potentado chefe muçulmano chamado Lazaraque. Acontece que as comunicações eram muito demoradas, e ainda pela mútua desconfiança entre as partes, ficaram suspensas as negociações por algum tempo. Há quem afirme que D. Henrique estaria propenso a entregar a praça de Ceuta e mais uma grande soma em dinheiro para salvar a vida do irmão. Todavia, parece que muita gente já estaria envolvida no assunto, tornando-se assim muito difícil a libertação do Infante Santo.

Fé foi o que não faltou ao Benjamim da "Ínclita Geração". As torturas e trabalhos forçados a que foi submetido, as humilhações sofridas, tudo isto valeu-lhe o cognome de Infante Santo. Conformava-se com tudo, sempre elevando os olhos ao céu, dizendo: Seja feita a vontade de Deus.

Enquanto ainda podia locomover se, era castigado com trabalhos forçados durante o dia. À noite, encerravam no numa cela, onde mal e mal dava para estender as pernas. O cubículo que lhe servia de prisão estava infestado de parasitas de toda espécie, que não o deixavam descansar, apesar do cansaço extenuante que ficava após um dia de maus tratos. As melhores horas do infeliz infante eram as que passava juntamente com os companheiros de infortúnio no trabalho. Aos poucos, as forças vão-lhe faltando, a ponto de não mais poder locomover se, deixando em razão disso de trabalhar. Não podendo trabalhar, ficava preso na cela sem ver ao menos a luz do dia. Nas trevas, sem ter ninguém para conversar, aumentava o sofrimento do pobre infante. Consegue com o carcereiro, a troco de muito dinheiro, que alguns dos seus amigos de cativeiro o visitassem por alguns escassos minutos, a fim de saber notícias da Pátria e das negociações do seu cativeiro. As notícias, quase sempre as mesmas, davam esperanças de que muito brevemente seria solto. D. Fernando nunca se convenceu disso e dizia mesmo aos seus amigos serem as palavras deles mais para confortá-lo do seu sofrimento.

A falta de higiene, a má alimentação, a escassez dos raios solares anteciparam e encurtaram sua vida. Um dia, alguns de seus companheiros, quando iam passando junto à sua cela, ouviram gemidos. Pediram permissão ao carcereiro para ver o que estava acontecendo. Não foram atendidos. Diante da negativa, ajoelharam-se a beijar os pés dos altos mandatários da cidade e ainda assim nada conseguiram. Tentaram falar com Lazaraque, através de um alto funcionário que finalmente consentiu na visita de um médico e deu permissão aos amigos do infante para que o visitassem.

Era chegado o fim do sofrimento, do infortúnio, da tragédia de Tânger. D. Fernando nascera sob o signo da dor. Já ao nascer quase morrem a rainha e o infante, por isso acreditamos ser a infelicidade do infante marcada pelo destino.

Os últimos dias de D. Fernando foram cheios de visões entre anjos e divindades celestiais. No último suspiro da vida, em 1433, sentia-se feliz. Sentia o príncipe que só a morte lhe serviria de alívio para tão triste destino que lhe fora reservado. Mais uma vez os amigos ainda tentaram persuadi-lo de que era apenas uma doença passageira e logo ficaria bom para voltar a Portugal triunfante de todos os males e maus tratos que houvera sofrido. Mas D. Fernando, com o semblante cansado apenas balbuciou:

"Ora me deixai acabar". E morreu o mais novo filho do Mestre de Avis. Morreu como herói, como um digno membro da "Ínclita Geração". Morreu com os grilhões amarrados aos seus pés, para que o reino não sofra o vexame de entregar Ceuta aos inimigos de Portugal.

Depois de extraídas as vísceras, o corpo embalsamado, foi dependurado o cadáver do grande mártir nas muralhas da cidade de Fêz, como sendo ato de glória para os muçulmanos. Entretanto, os companheiros do Infante Santo viram onde os carcereiros enterraram as vísceras do mártir e, de noite, sem que ninguém os visse, as desenterraram e colocaram nas num jarro com água e sal, escondendo as em lugar bem seguro. Mais tarde, quase oito anos depois, o padre João Álvares, ex-secretário de D. Fernando, e outros companheiros de cativeiro resgataram as relíquias, trazendo as para Portugal e depositando as no Mosteiro da Batalha ao lado de seus pais, D. João I e dona Filipa.

Assim se encerra mais uma bela e triste página da história de um dos membros da "Ínclita Geração", cujos méritos lhes devem ser creditados pelos altos e relevantes serviços prestados à nação. Nasceram para amar, servir alargar, libertar e morrer, quando fosse preciso, pela glória da Pátria...

Guerra entre tio e sobrinho: D. Pedro e D. Afonso V

As lutas políticas de bastidores para saber quem governaria Portugal ganham corpo depois da morte de D. Duarte, em 1438. Sucedeu-o seu legítimo herdeiro, o filho Afonso, porém este contava com apenas seis anos. Por ordem paterna a regência havia sido atribuída a sua mãe, D. Leonor de Aragão. Todavia, o povo rejeitou ser governado por uma estrangeira e aclamam D. Pedro, irmão de D. Duarte, como regente. Em 1448, D. Afonso V, cognominado "O Africano", por suas conquistas no Norte da África, assumiria o governo.

Durante a menoridade de D. Afonso V, são travadas disputas entre os adeptos da rainha e os de D. Pedro. A exemplo de D. Duarte, D. Pedro fora educado com vistas à governança da nação. Dona Filipa, mulher prudente, inteligente e altamente conhecedora das vicissitudes e dificuldades de reger um povo, preparou o seu segundo filho para esta pesada missão, prevendo algum desastre, que possivelmente acontecesse ao primogênito.

Os partidários da rainha ainda esboçam alguma reação, mas o doutor Diogo Afonso Manga Ancha, repetindo o seu professor mestre João das Regras, rechaça o movimento em prol da rainha com um brilhantíssimo discurso em defesa de D. Pedro, e fá-lo aclamar regente do reino em 1440.

Sob a regência de D. Pedro, continuaram as reformas básicas preconizados pelo Eloquente. Aliás, o regente, mais objetivo que seu irmão, não só pelo temperamento, mas também pela cultura vastíssima adquirida com as suas andanças pelo mundo, aperfeiçoou sobremaneira a administração pública, dotando-a de instrumentos jurídicos e administrativos à altura do Estado moderno implantado já anteriormente em Portugal.

A forte pressão política exercida pelos correligionários da rainha deixava pouco tempo ao regente para se dedicar à administração. As intrigas palacianas, jamais D. Pedro conseguiu exterminá-las. Até o seu próprio irmão D. Afonso, duque de Bragança, movido pela inveja, fazia o joguete da rainha contra o príncipe-regente. Isto deixava um difícil relacionamento entre as classes políticas, uma vez que estavam divididas. Os filhos do Mestre de Avis, todos sem exceção, tinham como princípio básico a lealdade. D. Pedro fora educado desta maneira, e as intrigas da corte o deixavam realmente muito aborrecido, principalmente quando inverdades eram deflagradas, propositadamente, para ferir o seu foro íntimo. Várias vezes houve preparativos para um confronto bélico entre as forças da rainha e do príncipe-regente. Entretanto, conseguiram contornar as diferenças políticas, até que D. Afonso V atingiu os 14 anos, idade considerada apta para um príncipe assumir as rédeas do Estado.

Incontinente, o regente entrega o governo da nação ao soberano, simultaneamente seu sobrinho e genro. Ao assumir, D. Afonso dá conta do fardo pesado que carregava consigo e num ato de bom senso, pediu ao tio que o ajudasse na condução difícil dos negócios do Estado. D. Pedro aceitou o convite do genro sem impor condição alguma, pensando só em ajudar o jovem rei e ao mesmo tempo o país. Contudo, os inimigos do príncipe, não contentes com a conciliação entre o rei e seu tio, continuaram com as intrigas palacianas. Assume maiores proporções a maquinação dos invejosos da preferência de D. Afonso V pelo seu sogro. Iniciam por dizer que o antigo regente quer usurpar o trono ao sobrinho. O rei encoleriza-se e manda dizer ao tio que não necessita mais dos seus serviços.

Demonstra D. Pedro ao jovem rei o seu espírito de lealdade que sempre o caracterizou, retirando-se em seguida para suas terras. Mesmo assim, os inimigos do antigo regente não poupam a sua ausência, e na calada da noite, urdem um plano para colocar tio e sobrinho frente a frente.

Os ânimos se acirram. O mal estar entre os dois personagens é cada dia mais latente. D. Pedro ainda tenta uma aproximação do sobrinho, todavia os intrigantes não permitem. A rainha, que é filha de D. Pedro, ainda pede ao marido para se compor com o pai. O rei, porém, não dá ouvidos a dona Isabel.

Esta chora aos pés do marido, que ainda fica mais irritado, pensando ser o pai o causador de semelhante cena. As coisas ficam infinitamente tensas.

Não bastassem já as insídias tramadas no âmago da corte, maquiavelicamente uma última provocação é engendrada contra D. Pedro.

– O duque de Bragança faz com que o rei o mande chamar a Lisboa! O duque, para fazê-lo, tem que atravessar as terras de D. Pedro. Arma-se o duque de um poderoso exército, dizendo temer alguma cilada por parte de D. Pedro. Isto tudo com intuito de provocação! D. Pedro, por sua vez, não admite que o duque o provoque. Achando que este estava invadindo suas terras, intercepta-lhe o caminho. O duque recua. Recua, mas comunica o fato ao rei.

Irritadíssimo com este procedimento, o rei considera o ato de D. Pedro como uma forma de rebeldia. Arma se, então, com um poderoso exército a fim de subjugar o sogro. D. Pedro também reúne suas forças, muito inferiores às do rei.

Dirigem-se os exércitos reais para os domínios do príncipe D. Pedro. Encontram-se os dois exércitos a 20 de maio de 1449, em Alfarrobeira. D. Pedro sabe que suas forças, muito menores que as do sobrinho, deverão levar desvantagem. Não se intimida. Vale o sacrifício da própria vida quando se trata de um dever de honra e lealdade para com a nação. Morrer, se necessário, em defesa da honra da palavra empenhada ou ainda pela lealdade assumida. Fora a educação recebida na corte de seu pai, a ilustre Casa de Avis.

O embate dos exércitos foi chocante. Irmão contra irmão. Tio contra sobrinho defrontam-se numa guerra suicida, sem idealismo, fratricida, motivada apenas pelas intrigas e invejas. Uma guerra sem glória, sem vencido ou vencedores.

Ao lado de D. Pedro estava o seu inseparável amigo de tantas jornadas gloriosas. O amigo das andanças pelo mundo afora, capaz de doar sua vida em troca apenas da grande amizade que os unira desde a infância – Álvaro Vaz de Almada, conde de Abranches, herói de numerosos torneios de espada na Inglaterra. Cavaleiro da mais alta respeitabilidade pela sua intrepidez, quer nos campos de batalha, quer nos torneios de cavalaria disputados nas várias cortes da Europa.

(Vaz de Almada, mais tarde cantando em verso por Camões como sendo o "Magriço".[3] Cavaleiro português cujos feitos foram mais afamados que os dos 12 pares de França de

3. Verso oitavo da estrofe 12 de *Os Lusíadas*, Luiz Vaz de Camões.

Ariosto, nos tempos de Carlos Magno. Ou dos 12 de Inglaterra e seu “Magriço”.)

No auge da refrega, o Infante D. Pedro é atingido por um golpe mortal. Vaz de Almada, vendo o amigo e companheiro de tantas jornadas agonizante, prostrado no chão, acerca-se de seu corpo e, até lhe permitirem as forças, defende seu cadáver num gesto épico de desprendimento. Quando já não pode mais lutar chama a si a turba e num movimento brusco arranca a armadura que lhe protege o peito e exclama: “Ora Fartar Rapazes, e tu minha alma já tardas”. Ali morrera junto ao corpo que em vida vivera...

A pátria mais uma vez é enlutada com a sórdida política tendenciosa e maléfica. É finado mais um príncipe da “Ínclita Geração”. Primeiro foi D. Duarte, depois D. Fernando, em seguida D. João, e agora D. Pedro. Fica apenas o Infante D. Henrique, timoneiro do grande navio que sulcará os mares ignotos, para a glória nacional.

Fica vivo apenas o grande sonhador e solitário D. Henrique. Vive porque ainda tem uma missão de grande importância a cumprir no comando da mais bela epopeia nacional, qual seja: alargar o Império, a fé em Cristo e desvendar os misteriosos mares.

IX – O Projeto Sagres

No limiar da Idade Moderna, decidiu Portugal, na vontade da sua gente, aumentar o chão pátrio. Ceuta serviu apenas como ponto de partida do desenrolar de um vastíssimo plano, cujo principal protagonista e idealizador seria o Infante D. Henrique. Encarregado por seu pai do abastecimento das tropas acantonadas no posto avançado da África, depressa o infante adquire toda a malícia e destreza dos velhos marinheiros.

No Estado moderno, governado por D. João I, a distribuição de cargos foi feita de uma forma eficaz e ordenada pela lucidez e inteligência do monarca. Assim, tinha o rei, no seu tempo, os seus ministros como, por exemplo, Nuno Álvares Pereira, que ocupava o Ministério da Guerra; Dr. João das Regras, Negócios Exteriores; D. Duarte, Negócios Interiores; Vasco Gil de Pedroso, Ministério da Fazenda; e D. Henrique, Ministério da Marinha.

A arte lusa da navegação

Os primeiros atos de D. Henrique à frente da Marinha Nacional foram as reformas básicas necessárias ao bom desempenho da administração. Como ponto primacial para o bom adestramento e aprendizado dos argonautas, construiu às suas expensas a Escola de Navegação, também chamada a Vila do Infante ou *Sacrum Promontórium*, em 1418.

Como já dissemos, instalado no Algarve, cercado de cosmógrafos, geógrafos, cartógrafos e matemáticos, vindos das mais diversas partes da Europa, sendo alguns destes portugueses, inicia o infante ensinamentos científicos na arte de navegar aos futuros argonautas portugueses.

O centro de estudos, dotado dos mais modernos instrumentos para a navegação, tem como figura exponencial aquele que mais entende de ciências marítimas de sua época. Na verdade, a tarefa de suprir a praça de Ceuta de mantimentos, medicamentos e o revezamento das tropas deram ao infante uma grande experiência sobre as coisas do mar. A par disso, dotado de uma inteligência incomum, e de uma persistência extraordinária, tem o seu pensamento voltado somente para o audacioso projeto.

Vale lembrar a cultura excepcional de D. Henrique. Conhecia como ninguém no reino, Geografia e Cosmografia, ciências que muito o seduziam desde menino. Além de estudioso era de uma organização e meticulosidade extremadas, Em seu laboratório de estudos, vamos encontrar obras e tratados das maiores autoridades antigas, contemporâneas e clássicas de seu tempo. Era conhecedor profundo de Homero, Aristóteles, Cícero, Heródoto, Plínio, Sêneca, Valério Máximo, Ovídio, Ptolomeu etc. Dos mais recentes lhe eram também familiares: São Tomaz de Aquino, Alberto Magno e tantos outros tratadistas. Eis aí, portanto, um singelo esboço do acervo cultural do infante. O enorme manancial, inesgotável fonte de cultura, dava-lhe autoridade para se certificar da existência de haver, para além dos vastos oceanos, mundos outros somente por si imaginados.

Observador, calculista, enigmático, vemo-lo na proa da sua grande nave (ponta de Sagres) meditando sobre o desconhecido além. O visionário infante traz para seu convívio alguns homens do mar já com vasta experiência. Entretanto, outros vêm para o aprendizado metódico e científico, na primeira faculdade do mundo na arte da navegação. A Escola de Sagres aos poucos toma fama nos ensinamentos da nova arte. Aulas ministradas no uso dos instrumentos científicos para nortear os navegadores em alto mar são meticulosamente ensinadas. Aos poucos, os discípulos vão se enchendo de confiança e capacidade inspirados pelo talentoso infante. O grande poder de indução de D. Henrique dá azo a pensar que os seus comandados se julgavam muitas vezes super homens.

Debruçado no enorme penedo de São Vicente, onde o bater constante e ensurdecedor das ondas, muitas vezes o acordam do estado de êxtase em que se encontra, vê o infante as primeiras caravelas sulcarem os mares rumo ao desconhecido, no ano de 1418. Ainda que muito culto e sabedor de haver, para além destes infinitos oceanos, mundos outros, pairava-lhe a dúvida do enigmático desconhecido. E como quem de algum lugar escuta, não sabendo de onde, uma toada de vozes vindas talvez das profundezas dos revoltosos mares, perguntava: Que haverá para além de tanta água? Que estranho mistério envolve tudo isto? Que homens, que pessoas, que tipo de vida haverá para além dos limites do nosso entendimento? Que Deus adorarão? Com certeza não o seu Deus! Não a fé cristã, de todos portugueses! E, em angustiantes desejos de ver respondidas todas estas interrogações, incentiva os seus marinheiros a adentrar pelos temerosos e horrendos oceanos, apenas para trazerem uma braçada de flores, como acontecera com Gil Eanes, ou algum espécime desconhecida da civilização europeia.

Dom João II

Não é de se admirar que D. Henrique, homem prático e decidido, mude de forma brusca para um estranho e patético estado. Sabe ele quão pesado é o fardo que consegue carregar. Sabe ele, e apenas ele, a responsabilidade da missão que deve cumprir, em favor da ciência e do progresso universal. Está nas mãos desta figura solitária a incumbência de iluminar as trevas que envolveram a humanidade durante alguns séculos. Dele deve brotar a luz para as novas gerações, dele deverão vir os ensinamentos, a convicção de haver outros mundos para além dos já conhecidos. Assim, cada vez mais envolvido nos seus pensamentos hiperbólicos, o infante vê premiados seus esforços.

Para D. Henrique não era admissível que o mundo terminasse em qualquer esquina de um cabo do continente africano. O mundo deveria estender-se em enormes continentes, segundo sua imaginação. Na aurora de uma nova época, onde as expectativas, os enigmas do universo desconhecido, as dúvidas a serem desvendadas, a busca da verdade sob as hipóteses teóricas eram uma constante, consistia tudo isto num grande desafio ao visionário infante.

A tecnologia e o engenho da Caravela

Diante destas grandes perspectivas, iniciam-se as primeiras incursões pelos argonautas portugueses em torno do continente africano. As primeiras viagens, como óbvio, foram de expectativa, pois navegar nas costas algarvias, sob os cuidados de marinheiros já conhecedores das correntezas marítimas destes lugares, era bem diferente daquelas onde, pela primeira vez, as águas eram sulcadas por embarcações jamais vistas nestas paragens. Aos poucos, os marinheiros portugueses vão tomando contato com os lugares por onde vão deixando o pendão nacional. Em outras palavras, vão-se familiarizando com os contornos geográficos do novo continente descoberto.

As expedições de aprendizado vão ganhando características de um novo suporte científico pela conotação imprimida pelo infante. Baseia-se D. Henrique em fatos práticos para atingir seus objetivos.

Como não tem conhecimento do interior do continente, manda que lhe tragam prisioneiros, a fim de tirar destes as informações que julga necessárias à verdade sobre as escaldantes e negras terras africanas.

Surgem inúmeras dificuldades para os marinheiros portugueses navegarem ao redor do misterioso continente. A primeira dificuldade era o modelo de nossas embarcações. Estas, devido ao seu tipo de construção, só tinham condições de navegar a favor dos ventos. Isto tornava difícil e dificultoso o avanço das explorações porque nem sempre os ventos sopravam na direção desejada. Conhecedor destas dificuldades, pela larga experiência de suas andanças mar adentro, reúne o infante D. Henrique os seus matemáticos, com o objetivo de estudarem um projeto que torne possível navegar contra o vento.

Iniciam-se os estudos sobre o tipo de embarcação desejada e, em pouco mais de sete meses, conclui-se qual o tipo de barco que melhor serviria aos interesses dos navegadores.

Foi apresentado então ao infante um tipo de nave que batizaram com o nome de "Caravela". Projeto e fabricação da engenharia portuguesa, que ficaria imortalizada nos anais da história, a Caravela é a principal responsável da epopeia portuguesa.

Graciosa, com apenas dois mastros, velas tipo "latinas", uma só coberta, um castelo de popa e proa, muito elegantes, rápidas e fáceis de manejar, a "Caravela", engenho e arte nacionais, foi uma grande sensação e o início da engenharia naval portuguesa. A sua construção permitia navegar a pouca distância das costas e ao mesmo tempo suportava a navegação em altos mares, sem o perigo iminente de ser tragada pelas grandes vagas marinhas.

Quanto à sua locomoção, não eram necessários ventos muito fortes para o seu deslocamento, qualquer aragem era suficiente para as locomover. Ainda tinha a vantagem de poder navegar contra o vento, além de serem muito velozes para a época em que foram construídas. Pelas vantagens apresentadas, as caravelas portuguesas angariam fama universal, sendo a sua construção considerada como a maior obra de arte da navegação do século XV. A esse respeito há uma frase do famoso navegador veneziano Cadamosto. Dizia o grande navegador: "São os melhores barcos que andam sobre o mar, não há sítio onde não possam navegar". Como se observa, o elogio parte de alguém que apenas quer refletir uma realidade fática e não apenas um elogio bajulador.

Portugal trabalhava incessantemente para descobrir novas terras, novos mares, novos horizontes. A caravela muito contribuiu para isso, por isto foi proibido a fabricação para vender a outras nações. Disto se valeu o astuto rei D. João II, no sentido de desencorajar as outras potências marítimas de se intrometerem nos projetos de descobrimento, fazendo correr a lenda que as costas baixas africanas somente poderiam ser atingidas com este tipo de embarcação.

O navegador infante, aos poucos, vai vendo a sua obra coroada de êxito Agora conta com um tipo de embarcação que os seus capitães podem manobrar a seu bel prazer. Os seus capitães, através dos ensinamentos científicos de um aprendizado metódico, sabem todos os quadrantes marítimos. Instrumentos de navegação são aperfeiçoados, aulas de como se sair de situações embaraçosas são ministradas, enfim, a arte de navegar é ensinada como se os marinheiros estivessem numa faculdade. Sentem-se aptos para enfrentar os fantásticos monstros e as lendas marítimas que foram sempre negadas pelo saber científico do infante. Ele só acredita no seu Deus, o Deus de Cristo, o Deus que deixou morrer seu filho para salvar os homens.

Adahu, o filho do deserto

D. Henrique desconhece a vida que levam os habitantes das misteriosas terras africanas. Precisa conhecê-los, saber-lhes a ascendência, conhecer-lhes a história, precisa saber a forma de vida que levavam etc.

Modo *sui generis* de averiguar as dúvidas sobre as tórridas terras africanas foi posto em prática. Ordena o infante aos capitães que trouxessem alguns dos habitantes dos lugares onde aportassem, a fim de conversar com estes para saber das coisas destas terras desconhecidas.

Numa das entradas pelo escaldante Saara, Nuno Tristão e Antão Gonçalves, reunindo suas tropas, descobriram um acampamento nômade. Em rápida manobra, fizeram dez prisioneiros. Entre os prisioneiros, distinguia-se um, entre os outros, pela sua figura imponente e indumentária diferente. Logo ficaram sabendo tratar-se do chefe do grupo. A impressionante figura chamava-se Adahu. As maneiras, as roupas, tudo nele indicava que não se tratava de um simples berbere. Certamente deveria ser um grande senhor daqueles gentios. Os chefes portugueses concordaram em dar-lhe tratamento à altura de um cavalheiro. Adahu era homem muito viajado – segundo dizia –, tinha visto e percorrido muitas cidades, muitas maravilhas. Além disso, falava bem o árabe. Era o homem talhado para as necessidades intencionais de D. Henrique. Conhecia como ninguém as cidades do Norte da África e o deserto.

Voltou a Portugal Antão Gonçalves com os prisioneiros, enquanto Nuno Tristão prosseguiu a sua jornada para o sul.

Invariavelmente, quando avistava alguma caravela a dirigir-se para o porto de Lagos, lá corria D. Henrique, montado no seu enorme cavalo, a saber notícias do além. Os mistérios que envolviam as terras e os oceanos ignotos despertavam curiosidade e interrogação no espírito enigmático do infante, quando muitas vezes a si mesmo perguntava: – Será que desvendarei o que há para além destes mares? E depois, como numa prece, a Deus pedia: – Senhor! Dai me forças para descobrir estes mistérios insólitos". Caindo depois na realidade, esperava taciturno a abordagem dos seus marinheiros.

Desta vez, havia algo de especial entre a tripulação. O capitão Antão Gonçalves desceu imediatamente à terra, comunicando a novidade dos prisioneiros e outros assuntos de menor importância.

D. Henrique ordenou que lhe apresentassem os detidos. Foram recebidos com boas maneiras, sendo isto hábito e prática de D. Henrique. Antão Gonçalves logo foi dizendo dos predicados de Adahu, que foi recebido não como prisioneiro e sim como hóspede do próprio infante.

Dias inteiros passava D. Henrique com o filho do deserto, em longas conversas sobre as caminhadas através do Saara. Adahu contara a D. Henrique sobre a grande vastidão do seu deserto. Contara que o tinha percorrido em todos os sentidos, de norte a sul, de leste a oeste, conhecia como ninguém as areias escaldantes que se deslocavam como se fossem miragem para depois aparecer outra paisagem. Narrara também sobre as caravanas silenciosas que percorriam os espaços desérticos, dias e dias sem fim, em longínquas caminhadas no transporte de mercadorias, cujo destino ninguém jamais sabia ao certo.

Contava Adahu as suas viagens pelo deserto desde o Atlântico até o mar vermelho. Falara também que conhecera o caminho de Timboctu, onde as caravanas cruzavam perto do deserto o rio Níger. Ali vira um carregamento de ouro com aproximadamente trezentos camelos, vindos do sul: tão misteriosos eram, como misteriosos eram os seus carregadores. Jamais alguém conseguira seguir a trilha de onde procedia a origem destes carregamentos do metal precioso. Sempre em conversas alegres, relembrava o beduíno que o ouro era ali permutado por sal, e o mais interessante era que os permutadores não se conheciam entre si. O sal era deixado entre a borda do deserto e a densa floresta. Quando a pilha de sacos era considerada suficiente, desaparecia e era substituída por ouro. Este era transportado via rio Níger a Timboctu, daí a Túnis, Trípoli e finalmente para o Egito.

Escutava D. Henrique todas estas fábulas de Adahu, e pensava! Onde acabaria o deserto? Seria muito para sul? Adahu pouco ou nada sabia a este respeito. Como não sabia com precisão o que realmente interessava ao infante, inventava fábulas, formando assim uma verdadeira miscelânea entre o verdadeiro e o fantástico. Falava sobre grandes impérios e lagos enormes no interior do continente como se fossem mares. Contou que conhecera uma tribo de homens com cabeça de cão e com cauda, uma série de coisas fantásticas só para agradar D. Henrique.

Para o infante, homem prático, preciso e inteligente, era necessário desvendar este emaranhado de notícias e delas tirar as ilações oportunas. De tudo que Adahu lhe narrara, uma coisa era pelo menos certa: as comunicações desde o Atlântico até o Extremo Oriente existiam, e estes caminhos eram de domínio exclusivo dos muçulmanos. Entretanto, ficou sabendo também que os reinos abaixo da rota destes estavam fora do seu poder de influência religiosa. D. Henrique recebeu com muita alegria esta notícia, pois a fé em Cristo era a fonte inspiradora de toda esta sua força em querer converter os gentios à fé católica.

Adahu esgotou todos seus conhecimentos sobre o continente negro. Então um dia pediu a Antão Gonçalves que o levasse de volta à sua pátria. Prometeu, em troca pela sua liberdade, mandar cinco ou seis pessoas que tivessem conhecimentos sobre as coisas do interesse de D. Henrique. Antão levou

Adahu de volta à sua origem, esperando que este cumprisse a palavra empenhada. Contudo, ele nunca mais apareceu nem as pessoas por ele prometidas. O infante cumpriu a sua promessa.

Se pouco se tirou das informações de Adahu, muito de positivo ficou nos arquivos da Vila do Infante. Realmente o que interessava não era saber dos carregamentos de ouro ou riquezas em pedrarias. O que interessava saber era qual o comportamento dos habitantes destas remotas terras. Isto parece ter levado D. Henrique a uma conclusão, não só pelas narrativas de Adahu, mas também pela vasta rede de informantes que o infante pagava regiamente, e ainda pelos livros de sua vastíssima biblioteca.

O cientista da navegação universal

A generosidade do infante navegador não tinha limites quando novas descobertas aconteciam. As terras descobertas eram divididas com seus capitães. Reverenciava sempre aqueles que mais se distinguiam pelos trabalhos e feitos heróicos. Talvez resida aí o grande triunfo do infante.

O projeto Sagres, acreditamos, teve êxito graças à força de vontade e benevolência do seu grande idealizador e, também é bom que seja dito, pelo grande apoio dado pelo governo central ao empreendimento. Naturalmente, o grande aglutinador de ideias, o planejador, o catalisador de vontades para que o projeto fosse levado avante, foi D. Henrique. Todavia, se não lhe fosse dado o apoio e o consentimento dos poderes constituídos do reino, ser-lhe-ia quase impossível levar tão arrojado projeto até onde levou.

É do conhecimento público o incentivo dado ao infante no projeto pelos diversos reinados que assistiu. Primeiro, pelo seu pai D. João I, depois pelo seu irmão D. Duarte, depois ainda durante a regência do seu outro irmão D. Pedro e, finalmente, pelo seu sobrinho D. Afonso V. Todos estes reis emprestaram à causa dos descobrimentos os mais relevantes serviços. Acreditamos no conjunto de forças e na união nacional como condição necessária e suficiente para Portugal atingir tal estado. A grandeza da Pátria, ao ser considerada o maior império do mundo nesta época, só foi possível graças à união de todas as forças vivas da nação, sem a qual seria como qualquer outra nação de sua época.

O universo consagrou o título de Navegador a D. Henrique. Do nosso ponto de vista, o cognome conferido ao pai da navegação é muito singelo. Singelo ou simples, como queiram, pela razão de sabermos do grande esforço despendido pelo infante que não foi apenas para ir descobrir oceanos e suas profundidades. Paralelamente a este esforço, ocorreram estudos científicos para o conhecimento do globo terrestre e, ao mesmo tempo, para o aperfeiçoamento dos instrumentos indispensáveis à navegação com os quais os navegadores portugueses se orientavam. O atributivo inexpressivo dado a este gigante da navegação universal é muito irrelevante para tão grande feito. Ao invés de Navegador deveríamos atribuir-lhe o epíteto de Cientista da Navegação Universal.

Acreditamos que cedo ou tarde a história lhe fará justiça. Acreditamos que um dia ainda serão reparados os erros históricos. Por isso, defendemos a tese da mudança de nome. Não só por considerar a obra do infante uma glória para Portugal, mas ainda pelo seu desprendimento e abnegação em prol das coisas nacionais. Nunca o lendário infante pensou um só instante em si. Jamais fez qualquer feito que não fosse voltado para a Pátria ou para Deus, sua grande fé. Fosse o infante de outra nacionalidade, chamar-lhe-iam pai disto, pai daquilo, dando ênfase especial ao seu grande trabalho. As grandes navegações tiveram êxito graças ao trabalho desenvolvido pelo pai da navegação, como diriam os nossos contemporâneos. D. Henrique, apesar do seu conceito do mundo científico, viveu numa época distante da sua. A grande maioria das pessoas de seu tempo pensava medievamente, quando a paixão pelas proezas da cavalaria guerreira era o limite máximo do heroísmo. O contágio deste misticismo e o sentido prático do saber científico, na realidade, deveriam ser as causas da paralisação brusca e das atitudes excêntricas deste homem voltado para o mundo da ciência. Razão plausível para que o chamassem de visionário. Quiçá no devaneio de tantas e tão confusas ideias, nas perturbações, na indolência e nas prostrações que o levavam a isolar-se dias sem fim em meditações e elucubrações futuras, estejam a causa desta misantropia. Quiçá nas visões e fantasias do infante haja uma visão do além que jamais será desvendada.

Transcendem a todas as expectativas os juízos formulados pelos conceitos do enigmático homem das ciências marítimas. A busca da verdade foi fonte inesgotável do seu ser. Humano, sensível aos problemas materiais e espirituais, nunca dizia não a quem dele se socorresse. Grandes foram as virtudes do infante, principalmente no que tange aos desafios da vida cotidiana. Jamais usou o poder para se beneficiar. Nunca usou o seu prestígio em proveito particular. O seu grande enlevo era simultaneamente o alargamento de Portugal e da fé cristã, à qual dedicou toda a sua vida.

No Algarve, os dias luminosos do outono trazem consigo as ventanias do equinócio bramindo pelo oceano revolto das marés altas. Sente o infante, mesmo não estando doente, a aproximação da morte. Pressente que é chegado o término. Apronta o seu testamento e coloca todos seus negócios na mais perfeita ordem. Tem ciência do dever cumprido, leva consigo a glória de ver as suas Caravelas avançarem mar adentro, catequizando os gentios das negras terras africanas convertidas ao catolicismo. Sente o sabor da vitória mesmo antes da conquista final. O grande sonhador prevê o nascimento do maior império do mundo, levantando bem o alto pendão nacional para a glória da pátria lusa. Então, entre devaneios e enlevos, na noite de 13 de novembro de 1460, da lei da vida se vai libertando, quando o ilustre peito lusitano deixa de bater.

Morrera calado, como calado vivera. No seu testamento, manifestou a última vontade, consistente no desejo de ser sepultado no Mosteiro de Santa Maria da Vitória, onde jaziam seus pais e irmãos.

Depois de ser velado durante um mês na cidade de Lagos pelo seu valido Diogo Gomes, foi trasladado por seu filho adotivo, D. Fernando, que o acompanhou até a última morada no mosteiro da Batalha.

Esperava o, em Aljubarrota, o sobrinho D. Afonso V, rei de Portugal, que o fez enterrar com honras de chefe de Estado, pelo muito que fizera e trabalhara para o engrandecimento da nova nação portuguesa.

Desaparecia o último baluarte da "Ínclita Geração", uma das maiores inteligências que Portugal já produziu. Assim, deixou nos o maior cientista das artes náuticas, mas a sua obra pioneira continuou. Continuou porque os seus capitães receberam a têmpera da forja do infante. Continuou, enfim, para a grandeza de Portugal.

X – O Absolutismo e a Era Moderna

O ABSOLUTISMO E A IDADE MODERNA, MOVIMENTOS intrinsecamente ligados, afloram de uma série de crises porque atravessava o poder estatal na Europa. Originariamente, o Estado absoluto não apresentava um modelo prescrito ou orientação necessariamente perseguida com o intuito de alcançar aquele fim. Foi, ao que nos parece, uma necessidade de sobrevivência das próprias nações, cujos mandatários supremos, em cada lugar e época, assim o entenderam.

As dessimilitudes entre o Estado Medieval e o Estado Absoluto são enormes. Enquanto o primeiro era geralmente mal administrado, fraco, pobre, sem um poder centralizador que o coordenasse, contrariamente a todos os desmandos, o Estado Absoluto impõe-se de forma altiva, irreverente e arrogante, tendo como epicentro de todas estas manifestações a figura dominante do príncipe. Já ao nascer, o absolutismo carrega em seu bojo uma máquina administrativa cuja tarefa precípua é a vinculação de todos os cidadãos jungidos ao Estado por meio de laços patrióticos indestrutíveis.

Obrigações dogmáticas e irreversíveis são impostas aos cidadãos, sintomatizando uma subordinação carismática nacional. Deste Estado coercitivo absolutista emana um direito constitutivo emergente da pessoa do príncipe, isto é, a norma jurídica é desde logo imposta pela força do poder instalado; quer seja ele outorgado ou derrogado, no seu todo ou em parte, até mesmo pela força das armas.

O príncipe medievo, que era apenas um espectador dos acontecimentos históricos, passa agora na Idade Moderna a governar o seu Estado com mão de ferro chegando a ser considerado déspota. Evolui e dissemina-se o absolutismo por toda a Europa. Em certos casos pela outorga do poder e, noutros, pela conquista das armas.

Nos casos de outorga, o Estado absolutista chegou ao poder e cristalizou-se numa evolução política, administrativa dos seus governantes, tendo na vontade da população fator preponderante para atingir este estágio.

Nos casos do poder conquistado pelas armas, ainda que contra invasor (como foi o caso de Portugal), o príncipe, além de ter de compor a máquina político administrativa, tinha a grande tarefa de acomodar as classes sociais e adaptá-las à nova ordem jurídica governamental. Ainda que mais difícil esta última situação, concorria, por outro lado, para a sua estabilidade orgânica, o fator do enfraquecimento das classes dominantes anteriormente. Assim, o Estado absolutista surgia como poder envolvente e único capaz de oferecer à nação uma alternativa viável de sobrevivência.

Caracterizava se, portanto, o Estado absolutista pela rigidez de suas instituições e a firmeza dos seus governantes. A centralização do poder era uma das premissas da nova corrente filosófica que se fazia presente nos países adotantes deste sistema embrionário, resultante das crises intestinas e das dificuldades em unificar o pensamento nacional.

Começam a proliferar em grande número, por todo continente europeu, alguns filósofos e tratadistas a conceituar novos modelos de gerenciar os negócios do Estado, baseados nas doutrinas dos filósofos gregos, como Aristóteles e outros. Nestes conceitos, os príncipes encontram suporte e conscientização da real possibilidade de administrar as suas nações. Realmente, estas doutrinas em muito contribuíram para o fortalecimento do poder real, insuflando o príncipe a governar despoticamente, se necessário, desde que o Estado alcançasse o fim desejado, o poder absoluto.

Acrescentem-se a estas ideologias outras em que estes tratadistas propalavam ser o príncipe um enviado de Deus, sendo um instrumento apenas da vontade divina na condução da coisa pública. As crendices, o misticismo que o povo carregava consigo, induzem no assim a pensar e aceitar. Destas ideologias e doutrinas, os adeptos do absolutismo logo se aperceberam e disto, o mais rápido possível, tiraram proveito para manobrar as massas, enfraquecendo o já debilitado feudalismo, atraindo os descontentes para a defesa do Estado absolutista e dos interesses nacionais.

O Estado, rapidamente fortalecido, estende os seus tentáculos sobre todos os assuntos pertinentes à administração. Vê-se, por exemplo, a sua interferência nos assuntos judiciários (outrora exercidos pelo senhor feudal) e nos parlamentos, onde eram discutidas e aprovadas as leis submissas à vontade de sua alteza real.

O rei, figura central do Estado absolutista, enfeixa em suas mãos todos os poderes: Executivo, Legislativo e Judiciário. As leis escritas até então eram precárias. O Estado Moderno se apercebe destas falhas criando meios para seu saneamento. Assim faz compilar as melhores e mais sábias leis, garantindo a estabilidade da sua aplicação, visando ao bem comum e à distribuição da justiça com equidade entre toda sociedade nacional.

No campo administrativo, pululam idealistas apaixonados e sequiosos de construírem uma sociedade mais digna, próspera, justa e mais patriótica.

Inicia-se uma nova época. Esforços são concentrados no sentido de fortalecer o poder estatal. As grandes máquinas administrativas acionadas impregnavam e, ao mesmo tempo, criavam um impacto conjuntural às populações sob seu domínio. O Estado usurpador não admite concorrência ao seu poder. Não há mais condições de outro poder concorrer com o Estado absolutista. O poder concentrado subjuga o mais fraco. Sucumbe, portanto, o feudalismo ao absolutismo, muito embora ocorram, em alguns países, reações isoladas que prontamente são sufocadas pelo poder concentrador.

Emerge desta nova situação um estado rico, poderoso, alienante, cujo objetivo primacial era elevar a nação à condição de superpotência. Tomam corpo estas novas conceituações e começam a aparecer as superpotências centralizadoras, na conquista de novos mundos. O Estado começa a investir recursos incalculáveis (para a época) em projetos de desenvolvimento em tecnologia, na indústria e no comércio, visando à escalada de conquistas dos mais diversos setores do conhecimento.

Afloram neste sentido, novos elementos de valoração a partir dos restos de uma velha e trôpega civilização. Fatos novos, novas realidades substituem o misticismo dos velhos tempos. O homem admite o poder do criador do universo. Tem em Deus uma fé inquebrantável e é à sua semelhança que pensa na conquista do universo. A fé em Cristo foi talvez o maior vínculo entre o homem da Idade Média e o da Idade Moderna. Admite, entretanto, que tanto o poder espiritual como temporal estejam concentrados nas mãos do seu monarca. As populações têm no supremo mandatário do reino uma confiança absoluta, e o seu poder na terra é semelhante ao poder de Deus no céu. Acreditam que o rei seja um enviado de Deus para poder conduzir os negócios de Estado harmonicamente.

Dentro desta panorâmica, o Estado Moderno, assim visto pelos súditos e coadjuvado com a persistência dos seus idealizadores, rapidamente atinge a magnitude que desejara.

Fica uma pergunta: – Onde teria sido implantado o primeiro Estado Moderno no nosso universo? A nós parece que não pairam dúvidas quanto a isso. Já o dissemos e podemos repetir sem medo de errar. Peremptoriamente, podemos mais uma vez afirmar: o Estado Moderno mais antigo do mundo foi estabelecido em Portugal com o advento da subida ao trono da nação portuguesa do rei D. João I, Mestre de Avis. Isto é o que acreditamos piamente depois das inúmeras pesquisas que fizemos e também pelas elucubrações deste trabalho.

Vejamos adiante, no desenrolar dos fatos e dos eventos históricos, como é verdadeiro o nosso raciocínio. País por país, iremos mostrando a ascensão do poder absolutista que, por paralelismo, se identifica com a Idade Moderna.

A ascensão do Absolutismo na Europa

Na Inglaterra, após uma guerra sangrenta (Guerra das Duas Rosas), onde os partidários das duas facções se digladiavam mutuamente, aparece Henrique de Tudor, descendente, pelo lado materno, dos Lencastres. Henrique, aproveitando-se dos descontentes, numa ação política muito bem urdida, conquista o poder, conseguindo com isto conciliar as duas facções em litígio, terminando assim com as lutas internas.

Isto aconteceu no ano de 1485, por consequência cem anos depois de D. João I ser coroado rei de Portugal. Henrique de Tudor, que toma o nome de Henrique III, faz ressurgir uma nova Inglaterra com a união de todos ingleses. A nação reorganiza se, intensifica o comércio internacional, alcançando desta maneira notável desenvolvimento econômico. Note-se que as superpotências, da qual a Inglaterra foi a maior, se iniciaram justamente com concentração do poder real. É fácil a qualquer observador verificar: enquanto os ingleses estiveram divididos, ninguém os reconheceu como nação potencialmente grande.

Quase na mesma época, morre, na França Carlos VII. Deixou como sucessor seu filho Luiz XI. Figura original, não apenas pelo modo relaxado de se vestir, pois apresentava-se em público com uma indumentária pouco recomendável para um soberano, mas, sobretudo, pelo seu comportamento contraditório. Por vezes, mostrava-se alegre, solícito. Outras, porém, reservado e sisudo. Entretanto, muito hábil, inteligente, arguto, autoritário e cruel.

A França, a exemplo da Inglaterra, era bastante dividida. Luiz XI tinha como seu maior rival, Carlos, o Temerário (descendente pelo lado materno de dona Isabel, filha de D. João I de Portugal). Os rivais eram opostos em tudo. Enquanto Luiz era ponderado, astuto, o seu antagonista era imprudente e afoito.

Luiz XI, numa manobra política, consegue agrupar vários adversários contra o Temerário. Prepara o terreno com o Ducado de Lorena, os Cantões da Suíça e algumas cidades do reino. Temerário, sem medir esforços, lançou-se numa guerra fratricida contra tão poderosos inimigos. Desastre total. Carlos morreu nesta luta no ano de 1477. Abrem-se as portas para Luiz XI conquistar as terras dos seus inimigos. Assim, um por um, a todos subjugou, conseguindo unificar quase toda a França, ora pela força das armas, ora pela via política.

O grande reino da França é lhe submisso. Os estados gerais, forças políticas do reino, reúnem-se quando o rei sente a iminente submissão e a docilidade dos seus representantes. A administração, a política, o judiciário são poderes concentrados nas mãos do monarca francês.

O Estado Absoluto, autoritário, impõe-se também na França. O monarca governa com poderes absolutos sem a participação do parlamento e a anuência dos antigos e divisionistas príncipes. Os poderes que o rei dispõe e em suas mãos enfeixa, exercidos com inteligência e capacidade organizadora, trouxeram à França uma enorme e profícua pujança econômica. O país saíra do caos para entrar num grande desenvolvimento, até aí nunca experimentado.

Estamos no ano de 1469. A Espanha, até aí bastante dividida pelas mesmas questiúnculas intestinas dos outros reinados da Europa, põe finalmente término ao Estado divisionista, para concentrá-lo nas mãos de um único soberano.

Vários eram os reinados da Espanha: Aragão, Astúrias, Navarra, Castela, Leão e ainda o califado de Granada, em poder dos mouros.

O príncipe herdeiro do reino de Aragão, Fernando, casa com Isabel, irmã de Henrique IV, rei de Castela. Como o rei de Castela não teve filhos, ao morrer, Isabel sua irmã tornou-se rainha. Nascia assim o reinado dos Reis Católicos. Note-se que houve grande disputa ao trono do reinado de Castela, quando D. Afonso V de Portugal também concorreu com o intuito de anexar o reinado de Castela a Portugal, porém, sem êxito.

Da união de Fernando de Aragão com Isabel de Castela, iniciar-se-ia a concentração de poderes, tal qual acontecera em outras nações. O primeiro passo dos reis católicos foi a anexação de Navarra. Posteriormente, conquista o califado de Granada em 1492. Estaria desta forma selada a unificação da Espanha. A exemplo da Inglaterra e da França, a Espanha também faria imperar o absolutismo sob o "espectro" dos reis católicos.

Surgia assim uma nova superpotência para disputar com Portugal a primazia dos ignotos mares.

Em outras nações, como a Alemanha, Polônia, Hungria e até mesmo nos confins da Europa Oriental, como na

Moscóvia do Czar Ivan III (1462 1505), também surgiram diretrizes das filosofias absolutistas. Circunstancialmente, estas nações sob o domínio do Estado Absoluto prosperaram consideravelmente, e este crescimento econômico levou-as a concentrar poderosas forças bélicas para a defesa do governo no poder, bem como, para invasões de outras nações. Destarte, estabelecia-se consequentemente o Estado Moderno, sem contudo haver uma percepção nesse sentido.

XI – Portugal, Estado moderno já na virada do século XIV para o XV

E Portugal? Em que época se teria instalado o Estado absolutista? Quer nos parecer já ter respondido a esta indagação. Porquanto no início deste trabalho algumas colocações foram feitas, de modo a estabelecer certos parâmetros com outras nações. Nessas ponderações, deixamos bem claro quando teria o Estado de Portugal alcançado a sua total e global independência.

Entretanto, muito embora não queiramos ser repetitivos, alguns aspectos devem ser novamente lembrados para que possamos raciocinar linearmente.

Lembramos serem os contornos geográficos de Portugal senão os mais antigos, talvez um dos mais antigos do mundo. Os grandes potentados nacionais, que pretendiam manobrar os assuntos políticos e administrativos da nação lusa, também sucumbiram, ao final do século XIV e princípio do século XV, com a ascensão ao poder de D. João, Mestre de Avis. E, por último, lembramos que Portugal não precisou se envolver em guerras de anexação. Havia perfeita sintonia entre o poder real e a nação portuguesa, criando uma estabilidade monolítica.

Portugal, muito antes das outras nações chegarem a ser superpotências, já o era. Portugal atingira a fase de Estado Moderno a partir das primeiras expedições ou alguns anos antes. O Mestre de Avis, após conquistar o poder real, promoveu reformas altamente significativas para sua época. É realmente o monarca português quem tudo determina. A Nação é una, o poder é concentrado nas mãos do monarca, é cristalino que todas as ordens emanam do poder real. O rei não divide com ninguém a legitimidade de governar a nação portuguesa, ele divide tarefas, mas nunca divide os atos da governança. Eis, portanto, criado o Estado Absolutista com a centralização dos ordenamentos jurídicos de sua alteza real.

Os assuntos pertinentes ao poder estatal são todos norteados pelo chefe supremo de todos os portugueses. Vislumbra se, da parte de D. João, uma grande vocação de governar a nação no cerne desta. Isto é, o poder centralizado, emanado da conscientização demófila do monarca, impunha-lhe comportamento absolutista a fim de bem gerir a coisa pública.

Norteava o uma sensibilidade administrativa e política muito acima do nível dos governantes de sua época. Deste conjunto de fatores, soube o preclaro monarca tirar proveito em prol do reino de Portugal.

As lendas e crendices emergentes da religiosidade das populações, coadjuvadas com as fantasias dos historiadores, subsidiadas aos ensinamentos dos prelados, creditavam ao monarca que o seu poder emanava de Deus. A lenda popular de Jesus Cristo que aparecera a Nuno Álvares Pereira, em Aljubarrota, bem espelha esta realidade. Assim, o absolutismo em Portugal – ou pela outorga dos vassalos ou pela imposição da forte personalidade de sua majestade D. João I – foi imposto a toda a nação.

A nova sociedade portuguesa sofrera grandes e profícuas mutações. As leis, geradoras de uma metamorfose inusitada e sabiamente aplicadas, promulgadas neste reinado, foram consequência desta mudança social.

Portugal, no início desse século – afirma o professor Joaquim de Carvalho – "gerou a mais profunda revolução da sua vida histórica. Destruíram-se interesses fortemente enraizados, renovou-se a vida pública da Nação, a começar pela própria dinastia, e ascenderam aos postos dirigentes pessoas até então obscuras".)[4]

4. *História da Literatura Portuguesa*, p. 110, de Feliciano Ramos.

A conexão entre o rei e o povo tinha uma sintonia perfeita, o que levava sua alteza a impor o autoritarismo da sua vontade aos grandes potentados do reino. O poder conferido a D. João I, em condições especialíssimas para governar uma nação em decadência moral, concorreu fortemente para a imposição do modelo de governo trilhado. A austeridade e a confiabilidade enveredadas pelo seu estilo de governo fizeram sentir àqueles mais afoitos o pulso do novo monarca e o seu estilo de exercer o mais alto poder nacional. Esta austeridade credenciava o a exigir de toda a sociedade um procedimento, senão igual, pelo menos muito semelhante ao seu.

O seu amor às artes trouxe à corte os grandes homens de letras do seu tempo. A corte de D. João I reencontrou novamente o caminho das ciências, como havia sido ao tempo de Afonso III. Os grandes filósofos começam novamente a ser invocados. As melhores inteligências nacionais são convocadas para ingressar na corte. Os grandes pensadores são discutidos como fonte inspiradora à cultura e à arte. Subsidia-se aqueles que queiram ilustrar-se fora do país. O desenvolvimento artístico e cultural é fomentado às expensas do governo. Enfim, Portugal reencontra novamente o caminho cultural.

Diante disto, o perfil da sociedade portuguesa vai tomando os contornos que o país anteriormente tivera. A postura do

Mestre de Avis, de dona Filipa de Lencastre e dos cortesãos, que gravitam em torno dos ensinamentos da própria família real, dão demonstrações inequívocas de uma sociedade na perseguição de novos valores, de novas hipóteses. Não admira, portanto, que a nação como um todo outorgasse ao Mestre de Avis o comando dos seus destinos. Não é admiração nenhuma ter esta aceitado e permitido a imposição da centralização do poder nas mãos de um único príncipe – teoria mais tarde preconizada por Maquiavel. Aliás, é notória a semelhança do governo de D. João, desde 1385, ao que mais tarde o grande filósofo Florentino escrevera em seu livro *O Príncipe*. Ora, se existe esta semelhança entre o que fizera o rei de Portugal e o que escrevera o ilustre filósofo na sua teoria, onde apresenta o modelo sui generis para um chefe de Estado bem governar, no seu trabalho de maior vulto, o livro credencia nos a refletir e a dizer ser Portugal, já no final do século XIV, ou quando muito no princípio do século XV, uma nação moderna.

De outro lado, a estabilidade político administrativa, conquistada pelo reino de Portugal ao longo dos anos, cristalizara-se agora no reinado de D. João, Mestre de Avis. A revolução social encetada nos domínios da nação portuguesa tivera raízes profundas de uma epopeia patriótica, já no reinado do Justiceiro.

– Quem não se recorda do episódio do açoitamento do bispo do Porto, Beneplácito Régio, em praça pública, quando este, não cumprindo ordens do monarca português, fez publicar ordens de Roma sem prévia anuência de D. Pedro! Não seriam estas atitudes sintomas de um poder centralizador em evolução? Já até mesmo dos reis da primeira dinastia? A nós nos parece que sim! Quando os poderosos tentam escamotear a norma jurídica, quando os grandes potentados do reino pretendem fazer justiça pelas próprias mãos, lá está o guardião nacional na defesa dos menos afortunados a acenar-lhes com a equidade de julgador independente. Isto quer nos parecer uma demonstração de independência nacional. Demonstra a permanência na cúspide da hierarquia no reino de Portugal, de um único senhor, um único mandatário.

D. João I não se limitou apenas às leis parcelares originárias de uma época remota. O Mestre de Avis, ao acercar-se de grandes juristas e técnicos nos mais diversos campos científicos, inclusive no campo do Direito, percorre com eles os caminhos tortuosos das ciências jurídicas da época. Imprime uma nova feição no Direito Penal. Este intrincado ramo do Direito, antes do reinado de D. João I não apenava o crime culposo de homicídio (seguia-se em Portugal a doutrina do *Código Visigodo*). Entretanto, o renascimento do Direito Romano e o termo da reconquista favoreceram o engrandecimento do poder real e o início de nova época legislativa. D. João I ordenou a compilação das leis do reino, a pedido das cortes, o que veio a fazer-se já no reinado de D. Afonso V, de onde a denominação de "ordenações afonsinas".[5]

Como se depreende da leitura acima, o Mestre de Avis, no exercício pleno do poder, pratica atos de verdadeiro soberano. A tipicidade entre o governo que tomou o poder em 1385, em Portugal, e o evento da propalada Idade Moderna, fixado em 1453 pelos historiadores, assemelha-se demasiadamente. Verte aos olhos ainda daqueles menos observadores a verdade fática e o anacronismo de não ter sido considerada esta época a iniciação da Idade Moderna. De outra forma, sabemos que, desde o início da posse do soberano português, ter esta ilustre figura, em cujas veias corria a linfa derivada de uma adequação sólida e pertinaz, enfeixado as razões de um poder absoluto. Este um produto pertinente ao desenvolvimento da vida econômica-social e alcançado quando o soberano ainda não tinha pretensões a concorrer a mais alta magistratura nacional.

5. *Direito Penal Português*, p. 9 – Manuel Cavaleiro de Ferreira.

Cristalizam se, desta maneira, nossas inferências. Materializam-se nossas ilações, na medida em que nos aprofundamos na filosofia desta matéria. Ganham vulto os nossos pensamentos à cerca deste controvertido assunto. Porém, havemos obstinadamente de percorrer os caminhos da verdade e demover de nossa frente as pedras das tortuosas veredas da incerteza, acreditando firmemente pela admissibilidade da nossa tese. Circunstancialmente, temos ouvido de algumas personalidades da comunidade lusíada pensamentos semelhantes aos nossos. Nunca, porém, tivemos conhecimento de alguém ter dedicado algumas linhas sobre o assunto que nos propusemos a defender. Alenta nos, sobremaneira, prosseguir por tratar-se de matéria inédita no nosso entender.

Parte II

A Primeira Globalização
(ou a pioneira circum-navegação do globo terrestre)

Prólogo

ACABAMOS DE NARRAR NA PRIMEIRA PARTE deste trabalho a ideia de considerar Portugal o primeiro país da Idade Moderna. Todavia, não pretendemos ficar apenas nas considerações sobre a estruturação política, administrativa e comercial dos Estados europeus, na passagem do período medievo para o moderno.

Pretendemos também demonstrar o quanto os portugueses trabalharam, naquele período, para o avanço científico mundial, quer seja na arte das grandes navegações, quer seja nas ciências astronômicas, geográficas e oceanográficas. Por dever, lhes deveremos creditar outras façanhas, como a de se tornarem os maiores empreendedores e mais arrojados navegadores de que temos notícia na historiografia da descoberta de novos continentes.

Para ficar apenas nas façanhas mais conhecidas, citamos Gil Eanes, o primeiro a navegar para além do Cabo Bojador (hoje no sul do Marrocos), atravessando-o, em 1434, e desfazendo o mito da intransponibilidade do cabo, relatado desde os antigos gregos. Eanes dobrou o então considerado limite sul do mundo e dissipou o pavor que este promontório inspirava, iniciando assim a época dos "grandes descobrimentos". Já Bartolomeu Dias ficou célebre por ter sido o primeiro europeu a navegar para além do extremo sul da África, "dobrando" o Cabo da Boa Esperança, em 1488, chegando ao Oceano Índico a partir do Atlântico.

Em 1498, Vasco da Gama chega a Calecute, comandando a primeira frota do mundo a contornar a África para alcançar a Índia. Foi a primeira viagem realizada directamente da Europa para a Índia, pelo Atlântico, e uma das mais notáveis da Era dos Descobrimentos. A mais longa viagem oceânica até então realizada, superior a uma volta completa ao mundo pelo Equador, consolidou a presença marítima e o domínio das rotas comerciais pelos portugueses. Em 1500, Pedro Álvares Cabral alcança a costa brasileira.

Já o português Fernão de Magalhães, a serviço da Coroa espanhola, planejou e comandou a primeira expedição de circum-navegação do globo terrestre, de 1519 a 1522. Este também foi um dos mais importantes marcos da humanidade e dele falaremos nos capítulos a seguir. Há ainda inúmeros

Vasco da Gama

outros feitos. Os portugueses se empenharam em desvendar e descobrir novos mundos, criando novos rumos, atravessando novos mares para chegar a novos continentes até então ignorados pela humanidade.

Por isso, denominamos aqui o feito de Fernão de Magalhães como a Primeira Globalização, um movimento de expansão de conhecimento do homem, de alargamento das fronteiras da humanidade. Mas isto só seria possível com o conhecimento de Portugal na arte da navegação, acumulado por quase dois séculos.

Se pegarmos todas as expansões anteriores, do Helenismo ao Império Romano, passando pelas invasões bárbaras, saxônicas, pelas grandes conquistas dos otomanos, observaremos que estas ainda não compreendiam as fronteiras do mundo tal qual o conhecemos hoje: todas ignoravam pelo menos um continente inteiro, o americano, e várias rotas de circumnavegação da Terra.

Sendo os portugueses os primeiros navegadores e conhecedores do Novo Mundo, deram sua contribuição histórica e científica para a humanidade: além da arte da navegação e da invenção dos instrumentos para que esta se aperfeiçoasse, também contribuíram para o desenvolvimento da Astronomia e da Oceanografia, já a partir do século XV.

Estavam assim os lusitanos na vanguarda do conhecimento deste colossal mundo global, na passagem da Idade Média para a Idade Moderna. Os portugueses estiveram na linha de frente destes movimentos para desvendar os recônditos e misteriosos lugares desconhecidos da Terra naquela época.

I – A epopeia marítima portuguesa

A IMPORTÂNCIA DOS PORTUGUESES PARA A expansão do mundo fica patente na insana e épica aventura do lusitano Fernão de Magalhães, que planejou e comandou, a serviço da Coroa espanhola, a expedição marítima que efectuou a primeira viagem de circum-navegação (ou circunavegação) do globo. O heroico navegador português foi o primeiro a alcançar a Terra do Fogo, no extremo Sul do continente americano, a atravessar o estreito hoje conhecido como Estreito de Magalhães e a cruzar o Oceano Pacífico, que nomeou. Descobriu, entre várias novas rotas, a passagem do Oceano Atlântico para o Oceano Pacífico, em 1520. O navegador português começou pela Patagônia, percorreu 600 quilômetros por entre canais e baías completamente desconhecidas do resto do mundo até então.

Desta aventura falaremos porque entendemos que homens como Fernão de Magalhães não podem ser relegados ao ostracismo, como já o fizeram com ele e com outros do seu jaez. Poucos e raros homens fizeram o que Magalhães fez pelo planeta e pelo futuro de nosso mundo.

Como dissemos anteriormente, aqueles portugueses fizeram da arte de navegar uma ciência, mostrando ao mundo medieval que este não terminava nas costas mais ao leste da Europa, nas costas portuguesas. E Portugal tinha à sua frente gente boa e capaz de expandir os horizontes do mundo. Exemplo mais acabado desta estirpe foi dom Henrique, o Navegador, sábio intelectual das grandes navegações lusitanas.

A partir de 1418, dom Henrique lança-se numa destemida e progressiva escalada pelo Oceano Atlântico em busca de novos oceanos e terras. Vê mais tarde coroada de sucesso esta sua missão, quando dois dos seus mais afoitos jovens escudeiros – João Gonçalves Zarco e Tristão Vaz Teixeira – saem busca da Guiné (na costa ocidental da África).

Os dois jovens encontram no caminho, por acaso, a Ilha de Porto Santo e, meses depois, o italiano Bartolomeu Perestrelo (também a serviço de Portugal) encontra a Ilha da Madeira, dando azo assim ao desenvolvimento comercial e industrial do açúcar e à criação de gado, que passou a proliferar no arquipélago.

Iniciam-se, então, as conquistas portuguesas pelos novos arquipélagos: o das Canárias, o de Cabo Verde e dos Açores.

Assim começa a grande epopeia marítima portuguesa. Muito embora com direitos adquiridos pelas Ilhas Canárias, veem os portugueses ser esbulhados desses seus diretos sobre este importante arquipélago, pela ação do Papa Clemente V, de origem aragonesa.

Tenta ainda o Infante D. Henrique, mais outra vez, em 1427, retomar aquele arquipélago, enviando outra expedição, sob o comando de António Gonçalves da Câmara. Também sem obter êxito, Gonçalves deixa ficar tudo como dantes. A questão arrasta-se por mais de meio século e só será solucionada no reinado de Dom Afonso V de Portugal e de Henrique VI de Castela. Entretanto a favor dos castelhanos, com algumas compensações substanciais a favor de Portugal. O caso é encerrado com a assinatura do Tratado de Tordesilhas, em 7 de junho de 1492, pelas duas potências peninsulares ibéricas.

Dirimem-se as dívidas e grande parte dos habitantes da terra, especialmente os europeus, nem tomam conhecimento de que houve uma divisão entre as duas potências da Península Ibérica: Portugal e Espanha. Os portugueses, mais avançados nas artes de navegar do que os espanhóis, foram em busca de novos arquipélagos e continentes, tendo à sua vanguarda a figura exponencial do Infante D. Henrique.

Homem de cultura invulgar para aquela época, inicia este lusitano seu périplo pelas costas do Continente Africano, na expectativa de desvendar os mistérios que havia para além dos ignotos mares no continente negro. Homem das ciências náuticas, foi a partir dos seus conhecimentos e de sua cultura que os portugueses se lançaram na grande aventura marítima. Seus comandados puderam seguir sempre em frente, sulcando com os seus engenhos marítimos os desconhecidos oceanos d'antanho.

Para D. Henrique, não era possível que o mundo terminasse em qualquer esquina de um continente qualquer. Em seu entendimento, o mundo deveria estender-se para novos oceanos, novas terras e etnias. No limiar da Idade Moderna, quando pairavam os enigmas sobre o desconhecimento do nosso universo, havia grandes dúvidas a serem desvendadas. A busca da verdade e o surgimento de hipóteses teóricas constantes constituíam um grande desafio para os homens daquela época.

Em 1418, tendo pela frente estas incógnitas, lance-se o visionário infante pelos mares então desconhecidos do nosso globo à procura de algo concreto, real. Homem pragmático, depara-se amiúde com situações complicadas e se faz interrogações extraordinárias: "Que haverá para além de toda esta água?; Que estranho mistério envolve tudo isto? Que homens, que tipos de gente e de vida haverá para além dos limites do nosso entendimento? Que Deus adorarão, que fé terão?".

Nestas angústias e desejos de saber o que haveria para além de tanta água, manda seus marinheiros na busca de respostas. Mas o pensamento, a razão, é bem diferente da prática. Quantas vezes não largam os marinheiros nas praias do Algarve rumo ao desconhecido e, passadas algumas horas, já encontram dificuldades no comando dos seus barcos, nos seus instrumentos de navegação, nas velas dos seus pequenos barcos etc. Enfim, dificuldades que surgem de um momento para outro, obrigando-os a voltar ao lugar de onde partiram. Quantas não foram as vezes que tiveram de voltar atrás para consertar alguns desses problemas que sugiram?

Em razão desses problemas, inicia o infante o estudo de como devem os seus homens ir ao mar. Estuda durante algum tempo como construir um tipo de barco mais simples e mais prático, para navegar em qualquer lugar, com vento contra ou com vento a favor. Desse seu imaginário, sai a Caravela, com apenas dois mastros. Muito graciosa, o projeto de fabricação da engenharia portuguesa será imortalizado nos anais da história da navegação internacional (na Parte I deste livro descrevemos a Caravela em mais detalhes).

Assim, aos poucos, vai o infante vendo a sua obra ser coroada de sucesso. Conforme os tempos vão avançando, avançam também as embarcações e os engenhos dos portugueses na arte de navegar. O aprendizado meticuloso a que são submetidos e as instruções que lhes são ministradas, vão aperfeiçoando os seus conhecimentos sobre o mar e seus mistérios.

Na costa ocidental da África

Porém, desconhecem os navegadores, e até o próprio infante, a vida que levam os habitantes das terras que pretendem visitar e conquistar. Impõe-se, desde logo, a expectativa sobre quem os portugueses irão conhecer e ter de lidar. A partir daí, emprega o infante um modelo *sui generis* de averiguar e tirar dúvidas sobre essa gente misteriosa que habitam lugares ignotos. Para conhecê-los, ordena o infante a seus homens que capturem alguns indivíduos dessas terras para investigações futuras.

Numa das muitas entradas dos lusitanos pelo deserto do Saara, descobrem ali um grupo de nômades acampados. Fazem alguns prisioneiros e trazem-nos a D. Henrique, para que este converse com eles e pergunte-lhes de onde são, o que fazem e como vivem no deserto. Depois de ter o infante conversado com os prisioneiros e extrair deles o que julgava necessário, devolve-os às suas origens. As informações foram proveitosas e serviu-lhe muito para as suas pesquisas.

De tudo quanto tirou dos conhecimentos dos beduínos, o mais importante foi saber que estes viajavam desde o Oceano Atlântico até ao Médio Oriente. Estes caminhos e lugares eram do domínio da fé dos muçulmanos. Mas também ficou sabendo que os reinos do Hemisfério Sul da África, abaixo da rota das grandes caravanas de mulçumanos do deserto, estavam fora da influência religiosa islâmica.

Naturalmente, D. Henrique recebeu com alegria e regozijo esta notícia, porquanto o seu maior interesse era saber que poderia implantar a fé em Cristo nos países fora da influência dos árabes. Foi nesse sentido que o infante iniciou outro trabalho com vistas a trazer para a fé Cristã todo aquele povo da parte Sul do continente africano.

Astronomia e Viagem de Circunavegação

As primeiras manifestações científicas da hipótese do planeta Terra ser redondo, de que girava em volta do Sol e de que teria um movimento anual, veio-nos através do cientista polonês Nicolau Copérnico. Sua teoria do *Heliocentrismo*, que colocou o Sol como o centro do Sistema Solar, contrariando a então vigente teoria geocêntrica (que considerava a Terra como o centro), é tida como uma das mais importantes hipóteses científicas de todos os tempos, tendo constituído o ponto de partida da astronomia moderna.

Alguns cientistas antigos, como Aristóteles e Plutarco, não admitiam o movimento de rotação da Terra sobre si mesma, nem que o Sol fosse o centro do universo nem que os planetas girassem em torno do astro maior. Para estes, se a Terra se movesse, as nuvens, os pássaros no ar ou os objetos em queda livre seriam deixados para trás. A concepção que a ciência tinha, ensinada e inspirada por Ptolomeu, era a de que a Terra seria o centro do universo.

Mas Nicolau Copérnico partiu para outra hipótese. Nascido em 1473, em Thorn, na então Prússia, hoje Polônia, filho de um padeiro, entrou na Universidade de Cracóvia, em 1491, onde se dedicou ao estudo da Astronomia, com muito êxito. Desenvolveu a tese cujos estudos apontavam para uma nova concepção, o *Heliocentrismo*.

Todavia, Copérnico, talvez porque não tinha conhecimentos suficientes dessa matéria, inscreveu-se como estudante na Universidade de Bolonha, em 1496. Foi ser coadjuvante de Domenico de Ferrara, em suas observações astronômicas. Em 1500, começou a ensinar matemática em Roma, onde a sua reputação intelectual se notabilizara e chamara a atenção do mundo das ciências daquela época. Porém, não satisfeito com o sucesso que o cercava, em seguida, começou a estudar Medicina, em Pádua, todavia por muito curto tempo.

Presume-se que, em 1505, deixou definitivamente a Itália e foi viver, durante seis anos, no Castelo Heilsbergue, com um seu tio. Em seguida, de 1517 a 1521, administrou a herdade de Allenstein; e, de 1521 a 1529, representou o capítulo no Landstag prussiano. Mas o estudo da Astronomia era o seu trabalho favorito e mais fecundo.

Abrimos aqui um parêntese para inserir na biografia do cientista polonês algo que nos parece oportuno: – Por que Copérnico abandonou a Itália naquela altura e voltou para a Polônia? Por que abandonaria a Itália que nesse tempo era o centro dos estudos mais avançados do mundo conhecido? Algo nos diz o porquê dessa troca. O Vaticano ficava em Roma e o Papa não admitia – a quem quer que fosse, cientista ou não – que se modificasse o conceito de que a Terra era o centro do universo.

Naturalmente, observando Copérnico que os seus pensamentos contrariariam a maior autoridade do mundo ocidental, resolveu regressar à sua terra para não ter encrencas com Sua Santidade. Porém, em Frauemburgo, erigiu um observatório chamado Cúria Copérnica, o qual qualquer estudante poderia utilizar. Era este instrumento, composto de três pedaços de madeira, com divisões a tinta, que foi mais tarde uma preciosa relíquia para Tycho Brahe, um de seus grandes sucessores. Copérnico entendia que estava em plena posse do seu sistema uma concepção nova do universo, desde 1512.

Contava com setenta anos quando se decidiu a mandar imprimir o imortal tratado *Revolutionibus Orbium Coelestium* (do latim: "Das Revoluções das Esferas Celestes"), que apareceu em 1543, em Nuremberg. Deste tratado, obteve apenas um exemplar poucos dias antes de morrer, tendo sido as provas revistas pelo seu discípulo e amigo Rheticus.

– Não duvido – diz Copérnico, falando do seu novo sistema – de que os matemáticos concordarão comigo se quiserem dar-se ao trabalho de tomar conhecimento, não superficialmente mas profundamente, das demonstrações que darei nesta obra.

O sistema heliocêntrico de Copérnico veio questionar o que muitos antigos astrólogos tinham pensado, baseados em

Ptolomeu: que a Terra era o centro imóvel do universo, como Camões cantou em *Os Lusíadas*.

Abandonando os ensinamentos de Ptolomeu, Copérnico seguiu o que lhe ditava as suas fantasias criadoras e procurou uma concepção mais simples para explicar o movimento de rotação da Terra sobre o seu eixo, movimento este que se torna ilusório, como ilusória era a teoria imaginada por Ptolomeu.

Copérnico verificou que o seu engenho explicava com mais detalhes todos os fenômenos. Porém, a teoria de Copérnico encontrou desde logo certa oposição porque, alegavam seus opositores, ele rebaixava a Terra à categoria de planeta ordinário. Outros cientistas opunham-se a Copérnico por razões mais científicas. De tal modo que a sua teoria só foi reconhecida em 1610, quando Galileu descobriu a luneta astronômica e, com ela, pode observar o Planeta Vênus. Copérnico admitira que Vênus tivesse várias fases e também descobrira manchas móveis no Sol. Assim confirmou Galileu, dando como válida a teoria de Copérnico.

Os cientistas portugueses

Entre os Quatrocentos e os Quinhentos, fase inicial de expansão marítima, época do Renascimento, o reino de Portugal constituiu dois impérios, um ao Oriente e o outro ao Ocidente – forjando as primeiras rotas da globalização. Criadores da moderna ciência náutica, dados a aventuras temerárias para bem longe das suas costas, os portugueses inauguraram a Era dos Descobrimentos orientando-se, inicialmente, apenas pelo sol e pelas constelações conhecidas.

Nesta época, predominava o piloto das naus, homem cosmopolita notável, de coragem admirável que, com ventos favoráveis, podia chegar a qualquer canto do planeta, orientado por bússolas e astrolábios. E assim que chegava, mandava, quando possível, construir um forte numa praia deserta para ali erguer a bandeira do rei de Portugal ou de qualquer outra corte que o valorizasse.

O marinheiro lusitano, nascido na aldeia medieval, assustado pelos mitos de monstros marinhos, por tempestades, solto no desamparo do oceano, avançava por milhares de milhas náuticas para dar vazão à sua busca. Neste cenário, os portugueses trataram de estudar, inventar e descobrir instrumentos e peças que os ajudassem nas viagens marítimas. Estes inventos lhes permitiram escrever as cartas náuticas e a fixar a localização dos continentes a partir do Equador.

Não há dúvida de que Copérnico foi um dos grandes cientistas da sua época. Todavia, não podemos esquecer que, em Portugal, na mesma época, havia cientistas importantes, não maiores, mas ao nível de Copérnico. Embora pouco conhecido hoje, o matemático luso Pedro Nunes, cientista tão fecundo como Copérnico, muito contribuiu para a ciência da navegação. Ainda podemos mencionar D. João de Castro, vice-rei do Estado Português da Índia, que realizou muitos experimentos náuticos em suas viagens e deixou três roteiros de navegação preciosíssimos.

Entre pilotos notáveis, estavam Fernão de Magalhães (do qual falaremos depois), os irmãos Rui e Francisco Faleiro, e João de Lisboa, entre inumeráveis outros. Francisco Faleiro, junto com seu irmão Rui, se dedicou ao estudo da arte de navegar, publicando o *Tratado del Esphera y del Arte del Marear*. E o também piloto João de Lisboa, que participou na expedição que o Duque de Bragança fez a Azamor, em 1513, e voltou à Índia com a armada de Diogo Lopes de Sequeira em 1518. Mais do que essas viagens, João se celebrizou com o *Livro de Marinharia*, compilado em meados do século XVI, e escreveu também o *Tratado de Agulha de Marear*.

Não menos importante foram os estudos práticos do cartógrafo e administrador colonial D. João de Castro (Lisboa, 1500 – Goa, 1548). Este enveredou desde cedo pela carreira militar, sem nunca deixar de lado sua paixão pela ciência da navegação. Durante a viagem até à Índia, D. João de Castro levou a cabo um conjunto de experiências que conseguiu detectar fenómenos relacionados com o magnetismo e com as agulhas magnéticas a bordo. Na época das grandes navegações, não se conseguia localizar um navio no mar pelas duas coordenadas, a latitude e a longitude; a determinação desta exigia um relógio a bordo que indicasse a hora exacta no meridiano de referência, e a determinação astronómica da longitude dava erros inaceitáveis.

A sua observação nas proximidades de Baçaim, em 22 de dezembro de 1538, de um fenómeno magnético, pelo qual se verificavam variações da agulha devido à proximidade de certos rochedos, confirmadas quatro séculos mais tarde, foi denominado atracção local. As suas observações são o mais importante registo de valores da declinação magnética no Atlântico e no Índico, no século XVI, e úteis para o estudo do magnetismo terrestre.

Foi uma das personalidades da ciência experimental europeia desse século, relacionando a importância desse estudo com as navegações. O seu nome ficou ligado à ciência pelas suas obras que evidenciavam uma tendência para o moderno espírito científico. Deixou obras relevantes para a navegação, como *Roteiro de Lisboa a Goa*, (1538), *Roteiro de Goa a Diu* (1538-1539) e *Roteiro do Mar Roxo* (1540-1541). [6, 7, 8]

Mas D. João de Castro foi discípulo de um dos maiores vultos científicos do seu tempo: Pedro Nunes. Matemático, cosmógrafo, médico e professor, Nunes contribuiu decisivamente para o desenvolvimento da navegação teórica, tendo-se dedicado, entre outros, ao estudo da cartografia. Foi ainda inventor de vários instrumentos de medida, incluindo o nónio (*nonius*, o seu sobrenome em latim).

Além de traduzir obras importantes, escreveu o seu *Tratado em Defensão da carta de marear* e vários outros trabalhos inovadores nas ciências náuticas. Naquele tratado, Pedro Nunes exalta as navegações portuguesas: "E fizeram o Mar tão chão, que não há hoje quem ouse dizer que achasse novamente

---

6. Em: http://cvc.instituto-camoes.pt/filosofia/ren3.html

7. A biografia deste vice-rei da Índia está publicada em volume, escrita por Jacinto Freire de Andrade. *Portugal – Dicionário Histórico, Corográfico, Heráldico, Biográfico, Bibliográfico, Numismático e Artístico*, Volume II, p. 926-929.

8. http://repositorio.ul.pt/handle/10451/499%7CRangel, Artur José Ruando (Tese de Mestrado). 1959 – Universidade de Lisboa – "O magnetismo terrestre no roteiro de Lisboa a Goa: as experiências de D. João de Castro".

alguma pequena Ilha, alguns Baixos ou sequer algum Penedo, que por nossas navegações não seja já descoberto."[9]

Nunes investigou vários problemas práticos de navegação em relação à correcção da rota, ao mesmo tempo em que tentava desenvolver métodos mais precisos para determinar a posição de um navio. Os seus métodos para determinar as latitudes e corrigir os desvios das agulhas magnéticas foram empregados com sucesso por D. João de Castro nas suas viagens a Goa e ao Mar Vermelho. Criou o nónio para melhorar a precisão dos instrumentos. A sua adaptação ao quadrante foi utilizada por Tycho Brahe. Foi provavelmente o último grande matemático a fazer aperfeiçoamentos significativos ao sistema de Ptolomeu (no modelo geocêntrico) e também resolveu o problema de encontrar o dia com o menor crepúsculo, para qualquer posição, bem como a sua duração.[10]

---

9. Biblioteca Nacional de Portugal, em: http://purl.pt/40/1/obras/obras-p-nunes/pn_obras_manuscritos_1.html.

10. Pedro Nunes traduziu para a língua portuguesa o *Tratado da Esfera*, de Johannes de Sacrobosco (1537), os capítulos iniciais das *Novas Teóricas dos Planetas*, de Georg von Peuerbach e o livro primeiro da *Geografia de Ptolomeu*. Sua obra inclui: *Tratado em defensão da carta de marear* (1539); *Tratado sobre certas dúvidas da navegação*; *De crepusculis* (Sobre o Crepúsculo); *De erratis Orontii Finei* (Sobre os erros de Orontii Finei) (1546); *Petri Nonii Salaciensis Opera*, (1566). Expandido, corrigido e reeditado como *De arte adque ratione navigandi* em 1573. *Livro de algebra en arithmetica y geometria* (Livro de Álgebra em Aritmética e Geometria) (1567).

De Pedro Nunes sabe-se apenas que nasceu em Alcácer do Sal, no Alentejo, e formou-se pela Universidade de Salamanca, na Espanha, e regeu quatro disciplinas na Universidade de Lisboa. Projetou-se também como médico da corte, onde desenvolveu os seus conhecimentos de astronomia e de matemática, tendo dado aulas, ao mesmo tempo em que exercia estes cargos, ao futuro Cardeal D. Henrique que, posteriormente, foi rei de Portugal.

Não obstante dizermos que Portugal medievo estava repleto de cientistas que estudavam o Globo Terrestre, suas pesquisas estavam limitadas pela atuação implacável da Santa Inquisição na Península Ibérica. Se Pedro Nunes afirmasse metade do que Copérnico afirmou, com certeza seria queimado numa fogueia ou talvez pendurado numa corda e enforcado. Eis aí a razão de Copérnico fugir da Itália e de muitos outros cientistas da época se refugiarem em países como a Inglaterra, a Suíça, a Alemanha etc.

Mas os portugueses, se não disseram em teoria aquilo que pensavam na prática, foram provar *in loco*, nos ignotos mares, foram testar aquilo que Copérnico provou em teoria. Entre estes, estão Bartolomeu Dias, Vasco da Gama, Gil Eanes, Fernão de Magalhães e muitos outros grandes navegadores portugueses.

Portanto, nos Quatrocentos até os Quinhentos, Portugal

era um país avançado nas ciências náuticas, astronômicas, geográficas e matemáticas. A corte de D. Manuel I, em 1500, e depois a de seu filho D. João III, em 1521, foram verdadeiros laboratórios, onde as ciências proliferavam.

A teoria na prática

Ao propor-se a dar a volta ao globo aos reis de Espanha, Fernão de Magalhães tornou-se o primeiro navegador que saiu para provar, na prática, a teoria de que a Terra era redonda e girava em torno do seu eixo. Isso porque, em Portugal, o rei não acreditou na sua aventura e não se dispôs a financiar-lhe o grande feito de dar a volta ao mundo. Segundo a teoria de Pedro Nunes, partindo-se de um ponto qualquer da Terra, navegando-se sempre no mesmo sentido, dar-se-ia a volta ao mundo. A esse movimento chamou de Viagem de Circunavegação que, ao fim e ao cabo, se desdobraria na primeira globalização, de fato, sem excluir nenhum continente e mares hoje por nós conhecidos.

Na verdade, Fernão de Magalhães não chegou a dar a volta ao mundo só numa etapa. Quando morreu, teria ele quarenta anos completos. Porém, antes de empreender a grande viagem de circunavegação a serviço do Imperador de Espanha, Carlos V, Magalhães já tinha estado na Índia, quando, a cami-

Dom João de Castro

nho, tomou parte na tomada de Quiloa (hoje Tanzânia), sob o comando de D. Francisco de Almeida, em 1505. E, em 1508, regressou a Portugal.

No ano seguinte, encontrava-se na expedição para a conquista de Malaca. Em 1510, socorreu e salvou dois navios que estariam encalhados na costa. Tanto se notabilizou neste episódio que Afonso de Albuquerque, vice-rei das Índias, o chamou para fazer parte do grande conselho, para ouvir o seu parecer sobre a projetada expedição contra Goa, na costa leste da Índia.

Porém, como a sua opinião fosse contrária a esse projeto de Afonso de Albuquerque, perdeu ele, Magalhães, as boas graças que angariara de seu chefe, o qual desde então o preteriu do seu conselho. Observando Magalhães que não tinha grande futuro na Índia, regressa novamente a Portugal. Toma parte numa expedição contra o Marrocos, a fim de reconquistar o nome e um posto condizente com as suas relevantes qualidades e merecimentos. Nesta campanha, no ano de 1514, foi gravemente ferido numa perna, o que o deixou coxo para o resto da vida e, ainda por cima, foi acusado de ter ligações secretas com os inimigos.

Por esse motivo, ausentou-se, sem se comunicar com ninguém, nem com o seu superior imediato, Pedro de Sousa. Regressou outra vez à pátria com o objetivo de se apresentar ao rei de Portugal. Todavia, este não o quis receber, ordenando-lhe que regressasse a seu posto, em Azamor (no Marrocos), e que lá se justificasse ao regimento em que estava engajado. Assim o fez. No processo que lhe foi movido por todos estes acontecimentos, foi julgado e absolvido.

Todavia, desgostoso e infeliz com a vida, pediu licença em devida ordem e retirou-se mais outra vez para Portugal onde o rei lhe concedeu pequena pensão, como fazia a todos aqueles que, como ele, regressavam. Pensando ter mais direito do que aqueles seus companheiros que apenas se aposentavam por tempo de serviço, voltou Magalhães a pedir ao rei um pequeno aumento, de meio ducado, por causa do desastre que sofreu e o deixou coxo. Mas o rei assim não entendeu e não lhe deu essa pequena gratificação, ficando o leal serviçal do rei muito ofendido com a atitude do seu rei.

Ofendido na sua dignidade ao ver-se rebaixado de categoria, sem poder destingir-se em parte alguma, retirou-se da corte e passou à vida particular, ocupando-se de estudos de cosmografia e náutica. Relacionava-se muito com um seu velho companheiro chamado Rui Faleiro, bastante entendido em cosmografia e que muito ensinou a Fernão de Magalhães. Dirigiu-se a Sevilha, em 1517, para apresentar a Carlos V o seu plano de alcançar as "Ilhas das Especiarias", pelo Ocidente.

II – A viagem de Fernão de Magalhães

HÁ CONTROVÉRSIAS SOBRE A LOCALIDADE DO nascimento de Fernão (ou Fernando) de Magalhães. Uns dizem que o famoso navegador português teria nascido no Porto. Outros, porém, afirmam que o navegador nasceu provavelmente em 1480, em Sabrosa, distrito de Vila Real de Trás-os-Montes, segundo ele mesmo declarou no seu testamento que redigiu poucos meses antes de fazer a sua primeira viagem às Índias Orientais, em 1505, na companhia de D. Francisco d'Almeida

Cultivara desde 1509, quando da expedição a Malaca, grande amizade com Francisco Serrão, do qual recebeu Magalhães uma carta falando das Ilhas Molucas (hoje na Indonésia). Serrão contava das grandes peripécias que realizou nessas ilhas. Pela distância que Serrão dizia destas ilhas, Magalhães ficou em dúvida se estas terras estavam ou não inseridas nas terras pertencentes a Portugal, descritas pelo Tratado de Tordesilhas. Por essas distâncias que Serrão dizia provavelmente as ilhas estariam adjudicadas à Coroa espanhola.

Como o Tratado de Tordesilhas proibia a qualquer uma das duas potências navegar por águas uma da outra, Magalhães pensou em prestar estes serviços à Espanha, uma vez que se tinha desentendido com o rei de Portugal. Porém, teria o inconveniente de ter que passar por águas portuguesas. Então, imaginou que se as suas expedições navegassem em direção ao oeste, dobrando o extremo do continente americano, na falta de outra comunicação marítima, por certo chegaria às tais Ilhas Molucas. Naturalmente, esta ideia apresentada a Faleiro abria um novo horizonte. Não bastasse, determinaria tanto a Faleiro como a Cristovão de Haro a renunciar à cidadania portuguesa, adotando a espanhola, com todas as formalidades legais, conforme determinavam as leis daquele país vizinho.

As "Ilhas das Especiarias" para El-Rei

Aos vinte dias de outubro de 1517, chegaram os três à cidade de Sevilha, centro da organização das grandes expedições marítimas da Espanha destinadas a descobrir o Novo Mundo e do Conselho das Índias. Em Sevilha, conheceu Magalhães outro português, chamado Diogo Barbosa que, em 1510, teria tomado parte da expedição de João da Nova às Índias Ocidentais.

Afonso Albuquerque

Diogo se estabelecera em Sevilha, onde o governo espanhol o havia distinguido com o alto cargo de alcaide do Alcaçar. Esse Diogo Barbosa franqueou a Magalhães a sua casa e o apoiou ativamente nesse seu projeto. Além disso, deu-lhe sua filha Beatriz por esposa. Outro que se mostrou muito solícito à ideia de Magalhães foi o feitor do Conselho das Índias, João de Aranda, de grande influência na corte espanhola. Aranda mostrou grande entusiasmo com a ideia de chegar pelo hemisfério espanhol às Ilhas Molucas e reclamar esse arquipélago para a Espanha. Então, os três, Aranda, Magalhães e Faleiro, partiram no começo de 1518, para Valladolid, onde estava instalada a Corte Espanhola, com o objetivo de pedir autorização e auxilio do trono à empreitada. Na verdade, conseguiram essa aprovação, vencendo todas as vicissitudes e impedimentos que se apresentaram. Em especial, havia a possibilidade de que uma barreira natural os impedisse de passar, pelo mar, de um hemisfério para o outro.

Todavia, prevaleceu a consideração de grande importância da missão. Se saíssem bem, haveria de ser de fundamental importância para as aspirações e pretensões da Espanha.

A 22 de março de 1518, foi ultimada e firmada essa concessão, na qual se comprometiam tanto Magalhães como Faleiro a não sair do hemisfério espanhol. Em compensação, o governo espanhol conceder-lhes-ia, por dez anos consecutivos, o privilégio exclusivo de percorrer o novo caminho que eles descobrissem, passando pelo sul do continente americano, a fim de atingirem o arquipélago das Molucas, excetuando-se naturalmente as pessoas que ao rei conviesse fazer viajar por essa via.

Além do mais, os concessionários cobrariam uma vigéssima parte dos réditos auferidos das ilhas que descobrissem. Se fossem mais de seis lhas, a quinta parte dos réditos de duas delas, à sua escolha, e uma quinta parte do benefício da primeira expedição. Mas Magalhães obteve para si e para seus filhos os títulos de categorias de adiantado e governador e o direito de ficar com gêneros até ao valor de mil ducados, em cada expedição que se enviasse às regiões que descobrisse.

Para a primeira expedição, o governo espanhol pôs à sua disposição cinco navios, dois deles de 130 toneladas, mais dois de 90 toneladas, e mais outro de 60 toneladas, e provisões para 234 pessoas, durante dois anos. Recebeu ainda autorização para exercer o poder supremo, o comando dos homens a bordo dos navios, inclusive o direito de vida e de morte sobre aqueles. Por sua parte, o rei impôs aos capitães e homens da expedição a observação da obediência ao capitão-mor da mesma maneira incondicional.

Naturalmente, o primeiro objetivo desta expedição era encontrar as Ilhas Molucas ou as "Ilhas das Especiarias". Note-se que Cristóvão de Haro ficou com uma parte dos gastos da expedição, o valor de quatro mil ducados.

Tão logo foi publicada a concessão de viagem a Fernão de Magalhães, pelos espanhóis, o governo português se pôs em movimento a fim de impedir a realização dessa empresa. Pois, não poderia Portugal ignorar que, caso se realizasse tal projeto, isso suscitaria necessariamente a questão de direito de posse e domínio do arquipélago das Molucas. E haveria dificuldades de averiguações sobre esse direito, sendo quase impossível a comprovação científica da legalidade de posse.

O embaixador português na corte espanhola, Álvaro da Costa, esforçou-se e trabalhou incessantemente a fim de fazer desistir do referido projeto ao rei Carlos. Enquanto Sebastião Alvarez, agente do rei D. Manuel I, em Sevilha, entrou em contato e negociações com Fernão de Magalhães, para fazê-lo desistir do projeto e voltar a Portugal, prometendo-lhe grandes e brilhantes ofertas. Todavia, o embaixador português e o agente não conseguiram demover nem o rei Carlos, nem Magalhães e nem Faleiro. Como haviam assumido um compromisso, nada os demoveu de faltar à palavra empenhada, assim como também à sua honra.

Uma vez não conseguindo nada desse jeito, pensaram os agentes portugueses em afastar os marinheiros da expedição, espalhando o boato de que os navios destinados à expedição estavam tão velhos e carcomidos que dificilmente chegariam sequer às Ilhas Canárias. E que o capitão-mor da expedição pensava em trair o rei espanhol, entregando toda a esquadra ao rei de Portugal. Na verdade, o capitão contratara 20 marinheiros portugueses, 23 italianos, a grande maioria genovesa, 10 franceses, 4 flamengos, 1 alemão e 1 inglês.

Alvarez também tentou atrair Faleiro para o seu lado, porém, este não lhe deu ouvidos. Pensou aquele que se persuadisse Faleiro seria mais fácil arrastar Magalhães para o seu lado. Mas essas intrigas não deram resultado, a não ser o de atrasar a expedição em alguns meses. Até que o rei de Espanha, a quem ninguém podia privar de explorar e demarcar territórios e mares dentro da sua jurisdição, deu ordem, em Barcelona, a 19 de abril de 1519, para que se fizessem ao mar, sem mais demoras, a expedição composta dos cinco navios que elencamos: o navio Santo António, sob comando do capitão e vedor-geral da armada, João de Cartagena; o Trindade, do almirante Fernão de Magalhães; o Conceição, do capitão Gaspar de Quesada; o Vitória, do capitão Luis de Mendonça; e o Santhiago, do capitão João Serrão.

Mas Rui Faleiro, para o qual não havia posto correspondente aos seus conhecimentos e capacidades, ficou em Sevilha. Porém, entraram a fazer parte da expedição Duarte Barbosa, filho de Diogo Barbosa, este cunhado de Magalhães, e também o cavaleiro, geógrafo e escritor italiano António Pigafetta de Vicência.

Vendavais e motins

Aos vinte dias do mês de setembro, Magalhães se fez à vela, em Sanlúcar de Barrameda, após breve mas sonora e rigorosa prelação aos capitães para que nunca se separassem do seu navio. Na prelação, o capitão-mor ressaltou que os faróis do navio serviriam de guia: de noite acenderia um farol na popa para iluminação; dois faróis quando então mudasse de rumo ou de andamento, por motivo de incidente de percurso; e três ou quatro faróis, os quais significariam, segundo a sua disposição, as velas que tivessem de recolher-se ou soltar-se; e, finalmente, indicaria com diferentes foguetes, ou então com um tiro de canhão, os baixios que encontrasse. Explicadas e dadas instruções e adotadas outras disposições necessárias, segundo o seu pensamento, a esquadra dirigiu-se a Tenerife, dali rumando ao arquipélago de Cabo Verde. Seguindo opinião de seus capitães, seguiu muito próximo das costas africanas.

Todavia, o João Cartagena, segundo chefe e vedor-geral do navio Santo António, pretendeu ser consultado sobre qual o rumo a seguir. Mas Magalhães lembrou-lhe que ele era, pela vontade expressa do rei de Espanha, o chefe absoluto de todos os expedicionários, sem nenhuma exceção. Por isso, todos lhe deveriam obedecer.

Pensando em vinganças, Cartagena começou a tratar o capitão-mor com displicência. Por causa das calmarias nas costas da Guiné, saudou Magalhães lhe chamado apenas de capitão, em vez de capitão-mor, que era de fato o seu posto na esquadra. Em razão deste incidente, Magalhães, homem defensor das hierarquias, fez reunir todos os capitães em conselho e fez prender Cartagena, destituindo-o. Colocou em seu lugar, na primeira convocação, António de Coca e, depois, já na costa do Brasil, Álvaro de Mesquita.

Com vendavais enormes e desfavoráveis, a esquadra passou o Cabo Santo Agostinho e seguiu a costa do Brasil até a Baía do Rio de Janeiro, hoje Baía de Guanabara. Aqui se deteve, de 13 a 26 de dezembro, com o objetivo de adquirir víveres e água doce e também de conhecer se ali existia alguma passagem marítima entre os dois oceanos. Certificando-se de que por ali não existia nenhuma comunicação, continuou navegando, sempre no mesmo sentido, chegando a 10 de janeiro de 1520 ao Cabo de Santa Maria, na foz do Rio de La Plata. Observando na costa uma colina que se erguia em forma de chapéu, chamou-lhe de Monte de Vídio, ou Montevidéu.

Havia notícias que Diaz de Solis chegara já até ali. Contudo, a amplidão do estuário do La Plata fez Magalhães entender que por ali deveria existir uma passagem ou uma comunicação entre os dois Oceanos. Então, encarregou da exploração desse estuário o capitão do navio Santhiago, o seu compatriota João Serrão. Este regressou, 15 dias depois, com a notícia de que nada encontrara e de que o rio recebia água de muitos afluentes.

No extremo sul da América

Estudando estas informações de Serrão, Magalhães colocou a esquadra em direção ao inexplorado Sul do continente americano. Nos primeiros dias de fevereiro, navegou com muita precaução e vigilância para não deixar passar despercebida alguma passagem que tinha em seus mapas da costa da Patagônia. Por sinal, uma costa bastante baixa e que formava muitas baías e enseadas consideráveis, como o golfo de São Mateus, de Santo António e também o de São Jorge. Demorou-se demais da conta o capitão-mor na expedição, gastando mais de um mês nestas paragens. Por isso, viu-se obrigado a invernar pelos sítios desta costa.

Magalhães havia sucessivas vezes tocado o Rio de La Plata até ao Cabo de Santo António e nos recifes de São Lourenço, a 38° de latitude, quando um grande temporal o levou para o alto mar, perdendo por vários dias a costa de vista. Entretanto, percorreu durante um dia a baía de São Mateus e, apercebendo-se que não havia saída alguma, voltou ao ponto onde havia entrado, passando adiante lutando contra formidáveis temporais e correntes marítimas. Várias vez se viu obrigado a se refugiar nessas baías e enseadas que muitas vezes não ofereciam a segurança necessária, dando-lhe o ensejo de chamar a este lugar de Baía dos Trabalhos, que provavelmente terá hoje o nome de Porto Desejado, a 48° de latitude.

Até que, em 31 de março, encontrou o Porto de São Julião, onde pôde passar, em meio a uma natureza áspera, o inverno austral aguardando melhor tempo para prosseguir na sua difícil viagem. Por causa do mau tempo, pensou em construir algumas barracas em terra a fim de acampar e reduzir as rações de víveres. Porém, os capitães e tripulantes pediram-lhe para voltar atrás, alegando que já tinham ido longe de mais. Nenhum espanhol tinha ido tão longe como eles, disseram, e não arriscariam suas vidas por uma ilusão.

Magalhães lhes respondeu que seria um opróbrio eterno voltar sem terem encontrado o tal canal marítimo que tanto procuravam, ou até mesmo o extremo do continente sul-americano. E que a estação fria provavelmente não duraria muito e que os produtos da caça e da pesca os livrariam da terrível fome que tanto temiam. Pelo menos, não deveriam regressar sem terem atingido o ponto até onde chegara o navegador italiano Américo Vespúcio. Magalhães não estava disposto a voltar, senão depois de atingir os 75° de latitude ou sem ter encontrado a tal comunicação marítima entre o Oceano Atlântico e o Pacífico.

Nem com a recusa peremptória de Magalhães, as queixas e os lamentos de seus companheiros cessaram. Tanto estes fizeram que Magalhães perdeu a paciência. Num momento de revolta, mandou prender e castigar alguns dos principais descontentes. Com esta atitude provocou maiores hostilidades. Vozes subversivas ao capitão-mor propalavam a seguinte frase: "Este português quer-nos perder para se reconciliar com o rei de Portugal".

Em vão Magalhães lhes disse que não fazia mais do que cumprir o que tinha combinado com o imperador Carlos V de Castela. Disse-lhes ainda que até aquela data, a expedição nada fizera para pleitear o seu regresso e que os portugueses tinham navegado até o extremo Sul do continente africano sem se queixar ao ter de dobrar o Cabo da Boa Esperança. Naturalmente, o capitão-mor pensava que com estas reflexões conseguiria restabelecer a tranquilidade. Todavia, logo estourou mais um motim, com mais intensidade.

Na noite de 1° de abril, João de Cartagena, chefe da conspiração, libertado que fora da prisão pelo capitão Quesada, encarregado da sua vigilância, subiu com alguns amotinados armados a bordo do navio comandado por Álvaro de Mesquita, ao qual surpreenderam por ser fiel ao capitão-mor. Entretanto, o piloto do navio chamado Hurriaga e o seu contramestre tomaram partido do capitão-mor. O primeiro destes caiu assassinado por Quesada e o segundo foi levado preso para bordo do navio Conceição.

Como Luis de Mendonça, capitão do navio Vitória, tivesse também entrado na conspiração, resultou que todos os sublevados tivessem, na manhã seguinte, três navios da esquadra à sua disposição. Não sobrava para Fernão de Magalhães mais do que dois navios da expedição à sua disposição. O seu navio, O Trindade, do qual era o capitão, e ainda o Santhiago.

Nestas condições, desculparam os primeiros o procedimento de seus capitães, alegando legítima defesa, em vista dos maus tratamentos que continuadamente sofreram. Ainda mandaram dizer que estavam prontos a respeitar a autoridade do capitão-mor e suas ordens, se ele respeitasse e procedesse conforme pedia os interesses do imperador Carlos V de Castela. Magalhães então lhes respondeu, convidando-os para virem a bordo do seu navio, onde se predispunha a ouvir-lhes suas queixas e a proceder com inteira justiça. Porém, os amotinados o repeliram com firmeza, alegando que não confiavam na palavra dele e que fosse ele a bordo do Santo António, onde estavam todos reunidos.

Neste vaivém de recados, aproveitou astutamente Magalhães uma lancha mandada pelos rebeldes, enviando de volta o meirinho Espinosa com quatro homens decididos e seus fiéis a bordo do navio Vitória. Tinham como pretexto convidar o capitão Mendonça a passar a bordo da capitania para uma entrevista. Porém a realidade era outra, ele pretendia deter o capitão rebelde.

De fato, Espinosa cumpriu a sua missão: enquanto estava dialogando com Mendonça, cravou-lhe o seu punhal no peito, deixando-o morto. Neste mesmo momento, tendo chegado a bordo ao mesmo navio, Duarte Barbosa, com quinze homens bem armados, fez voltar toda a tripulação do Vitória à obediência. Entretanto, Magalhães colocou os seus três navios à entrada do porto onde estavam todos, não deixando espaço para os outros dois revoltosos saírem.

Por um acaso, o Santo António desprendeu-se das amarras onde estava preso e foi levado pela corrente até onde estava Magalhães. Mas há quem diga que foi o capitão-mor que mandou cortar as amarras durante a noite escura. Quando este se aproximou da capitania, foi recebido a tiros de artilharia dos outros três navios e logo abordado pelos homens do capitão-mor e tomado pela tropa fiel a Magalhães.

Os chefes ou capitães da conspiração foram todos feitos prisioneiros. Cartagena, Quesada e Coca. No dia seguinte, o cadáver de Mendonça foi esquartejado e jogado ao mar, como era feito com um traidor. Quesada foi decapitado. Antes de deixarem aquelas praias, abandonaram o capitão Cartagena e um capelão que tomara parte na conspiração (se bem que mais tarde foram recolhidos pelo piloto Estevam Gómez, quando este se separou da esquadra de Fernão Magalhães e zarpou para a Espanha).

A expedição permaneceu quatro meses e vinte e quatro dias no porto de São Julião (hoje no sul da Argentina, pouco antes da província da Terra do Fogo). Os navegantes foram visitados por algumas tribos de indígenas das redondezas, aos quais Magalhães apelidou de patagões por causa dos indígenas terem seus pés muito grandes (o que resultaria no nome da atual Província da Patagônia, na Argentina).

A narração desta viagem, publicada pelo cavaleiro italiano Pigafetta, foi muito lida e comentada. Nela, refere ele, que um dia visitou o acampamento espanhol um indígena gigantesco ao qual a cabeça dos espanhóis chegava apenas à altura de sua cintura. Desta visão se originou a crença na Europa de que os patagões eram uma raça de gigantes que havia nestas paragens. Mais tarde, este mito foi desaparecendo. Luis de Bougainville, que realizou a primeira viagem de circunavegação francesa, nos anos de 1760 a 1769, mediu um grande número de patagões e concluiu que aqueles homens eram normais, pois ele encontrou homens de 1,75 metro de altura a um 1,90 metro aproximadamente.

Voltando a Fernão de Magalhães, antes de ele abandonar o porto onde hibernara todo aquele tempo, mandou a João Serrão, com o navio que comandava, explorar toda a costa para o Sul, a fim de poupar esforço a seus homens de percorrerem, com toda a frota, cada baía e enseada. Mas por infelicidade ou por ironia, o navio de Serrão afundou. O capitão e toda a sua tripulação se salvaram e regressaram, muito dificilmente, a pé pela costa até ao porto de São Julião, onde a tripulação foi distribuída pelos os outros quatro navios.

Em 24 de agosto, entretanto, fez-se Fernão de Magalhães à vela, com toda a sua esquadra, em direção ao lugar onde o correu o sinistro. Ainda pôde recolher alguns objetos do navio naufragado, que as marés tinham arrastado até as costas. Ali teve de permanecer até 18 de outubro para reparar dois dos seus navios que também tinham sofrido avarias.

As tripulações não cansavam de se queixar das más condições para navegar. Porém, Magalhães, inflexível, resistiu às queixas e reflexões dos seus comandados, respondendo-lhes sempre que não abandonaria a sua empresa enquanto as tempestades não desmantelassem todos os seus aparelhos. Só depois disso retrocederia e passaria à Índia pelo Cabo da Boa Esperança e pela Ilha de Madagascar.

A grandeza natural do extenso canal

Continuando a sua trajetória, em 21 de outubro, a esquadra chegou ao Cabo das Virgens, à entrada do tão procurado e famoso estreito que tanto demorara a encontrar. Surgiram as faldas da gigantesca Cordilheira dos Andes, que se estende por cerca de 8 mil quilômetros, do norte do continente sul-americano (Venezuela) ao extremo sul (hoje Terra do Fogo, cuja metade leste pertence à Argentina e a oeste, ao Chile).

No extremo sul, eventos sísmicos e vulcânicos e o trabalho secular das ondas e vagas formaram grande quantidade de penhascos e abriram uma fenda na cordilheira, preenchida por água do mar, e formaram centenas de ilhas e ilhotas. Essa fenda, hoje um canal marítimo, separou o continente da Terra do Fogo. O canal é o Estreito de Magalhães com extensão estimada em 600 quilômetros.

Este estreito divide-se em três secções: a oriental, a central e a ocidental. A primeira, cujo início se dá pelo Oceano Atlântico, é formada por um canal que se alarga como se fosse um mar interior, sem baías e enseadas nem canais secundários, com margens completamente áridas e de altura moderada, como se fossem colinas de formação geológica moderna.

Já a secção central é larga e formada por canais profundos nas costas da Terra do Fogo e não tem ilhas. A sua direção é no sentido norte-sul, ao passo que a primeira secção se dirige da costa para sudoeste. A terceira secção, ou a ocidental, dirige-se para noroeste e é formada por um sem-número de estreitamentos, com penhascos, recifes e enseadas, onde o mar é muito profundo e alarga-se somente no seu extremo, quando desemboca no grande Oceano Pacífico.

Nas duas últimas secções, há a predominância do granito e da serpentina que formam, às margens, montanhas, penhascos, costas escarpadas e de aspecto selvagem, que se elevam a mais de 2 mil metros de altura, como o Monte Sarmento. Essas montanhas quando não são muito escarpadas, estão cobertas por uma bela e rica vegetação na estação temperada do Sul.

O caractere geral de todo o estreito é mesclado de uma singular grandeza. O navegante que passa neste majestoso canal vê, na estação de inverno, montanhas enormes cobertas de gelo, por toda a sua extensão, e que enche todas as fendas entre as rochas. Daí se formarem enormes cascatas com reflexos azuis e verdes, que pendem ameaçadoras sobre os grandes vales tenebrosos.

As águas do estreito, de uma cor negra por causa do grande volume nos inumeráveis canais que serpenteiam entre altas montanhas e rochas isoladas, formam muitas vezes subitamente baías. À primeira vista parecem sem saída, até que subitamente o observador se vê frente a frente com outros canais, como se estivesse entre vários labirintos. Tal cenário pode deixá-lo perplexo, fazendo-o vaguear semanas e mais semanas entre os recifes e os altos penhascos das suas margens, sem encontrar saída.

Para além disso, nesta parte do estreito reinam permanentemente tempestades furiosas. A atmosfera é de uma espessura nevoeirenta, de fazer espantar o navegante. Geralmente, o céu fica coberto de grossas nuvens. As águas ficam negras por causa do enorme volume e também pela grande profundidade das sombras que se projetam dos enormes rochedos das elevadas montanhas de suas margens. O vento geralmente sopra do oriente e, entre o labirinto das agulhas que formam o canal, levanta vagas enormes, muito perigosas para os navios que por ali passassem especialmente aqueles movidos à vela.

O desafio da travessia

Mas Magalhães, ao entrar pelo estreito, instruiu que tomassem a dianteira os navios Santo António e Conceição para que fossem explorar o estreito e fizessem nova rota. Um destes navios voltou muito breve ao ponto de onde saíra e trouxe a notícia de que encontrara só uma baía com uma abertura profunda.

Entretanto, o outro passou mais adiante e, em sua volta no terceiro dia, informou ao capitão-mor que tinha passado por um estreitamento e que entrara em outra baía aberta que formava à sua saída outro estreitamento. À primeira vista, a saída ficava oculta por montanhas e conduzia a outro lençol de água, tão profundo como os anteriores, tanto que não podia ancorar em suas margens. De tal modo que não tinha dúvida de que haviam encontrado a tão sonhada passagem marítima que os levaria a outro oceano.

Com esta esperança, convocou Magalhães todos os outros seus capitães e pilotos a fim de consultá-los sobre o que seria melhor para a expedição, explicando-lhes que só havia provisões alimentícias para três meses. O piloto do navio Santo António, Estevão Gomes, de nacionalidade portuguesa, disse que, como já haviam encontrado o canal que tanto desejavam, o melhor a fazer seria regressar à Espanha e preparar outra esquadra, melhor e mais bem equipada, e com ela levar a empresa com mais segurança ao seu final. Porém, não era intenção de Magalhães voltar atrás, pois tinham resolvido a parte mais difícil do problema. O que pretendia era agora levar o empreendimento até ao seu final. Isto é, conduzi-la até onde desejava: às Ilhas Molucas.

Argumentou que pretendia cumprir a palavra que dera ao imperador da Espanha, ainda que tivesse que passar fome e, para matá-la, tivesse que mastigar os couros da cordoaria. A fim de que as tripulações não tivessem tempo de refletir sobre o assunto e de apelar para a opinião de um marinheiro tão experimentado como Estevão Gomes, deu ordem para que todos os navios estivessem prontos para seguirem viagem na manhã seguinte. Proibiu, ao mesmo tempo, de se falar em voltar atrás, sob pena de morte a alguém que falasse sobre essa questão.

Disposto a tudo, a morrer se preciso, entrou o ousado navegante pelos labirintos infernais do estreito que descobrira, sem aparelhos ou quaisquer tecnologias modernas. Pelo canal adentrou como se estivesse em mar aberto. Como visse brilhar com muita frequência, na margem esquerda, umas fogueiras acesas pelos nativos, naturalmente para se aquecerem contra o intenso frio que ali fazia, Magalhães batizou aquele lugar com o nome de Terra do Fogo.

Tendo navegado vários dias, cerca de cinquenta milhas, mandou dois navios para explorarem os diferentes e muitos canais que se abriam à sua frente. Enquanto isso, ele e as tripulações dos outros navios dedicariam o seu tempo a pescar para abastecer de víveres a expedição.

O navio Santo António singrou a toda vela, sem esperar o Conceição, penetrando num canal que, em vez de levar a tripulação adiante, conduziu-a em direção sudeste, isto é, a oposta, com a intenção de regressar à Espanha. Já o Conceição entrou pelo mesmo canal, onde cruzou com o Santo António e o esperou de volta para irem ambos juntos adiante.

Porém, Fernão de Magalhães mudou de intenção e, com os outros dois navios, em vez de esperar naquele lugar, como dissera, passou adiante. Entrou num grande canal que, do porto onde estava, se prolongava na direção noroeste. Neste lugar, esperou quatro dias, enquanto mandava uns marinheiros explorarem todo o canal com uma lancha improvisada. Esta regressou três dias depois com a grande notícia de que tinham encontrado uma saída que era a desembocadura no Oceano Austral.

O navio Conceição, cansado de esperar o Santo António, regressou até onde estava o capitão-mor para anunciar e dar parte a este do que provavelmente teria acontecido: se o Santo António teria se perdido ou então desertara. Para o capitão-mor, aquela notícia tinha um sabor de derrota porque o Santo António era um dos melhores navios da expedição. Naturalmente, tendo Magalhães abandonado o ponto onde prometera esperar até a volta dos navios e mudado de pensamento quando avançou, pensou que poderia ter acontecido ao Santo António o que acontecera com o Conceição. Daí ter-se acusado por talvez ter provocado a perda do navio em referência.

Por isso, mandou novamente o Conceição em busca do Santo António, com ordem de, caso não o encontrasse, colocar, no ponto onde se deveriam encontrar, uma haste bem visível com uma bandeira. Ao pé desta, deveria estar uma carta com a notícia da nova rota que a expedição tomara. Isso para o caso de o Santo António passar por aquele lugar e ver que seus companheiros estavam na esperança de encontrá-lo.

Todavia, o navio jamais voltou. Sua tripulação, apoiada pelo piloto Estevão Gómez, sublevou-se, prendeu o seu capitão e regressou à Espanha. Depois de ter chegado, acusou o capitão-mor de ser um déspota, um sanguinário por ter mandado matar alguns chefes da expedição no porto de São Julião.

Gómez, instigador de tudo isto, odiava de morte a Fernão de Magalhães por este ter sido mais bem-sucedido do que ele. Gómez havia proposto ao imperador Carlos V de Espanha a mesma empresa antes de Magalhães, mas não encontrou o apoio que pretendia. Por isso, na sua volta à Espanha, acusou Magalhães, dizendo que ele era um demente, um sanguinário que enganara S. M. e que não sabia sequer onde ficava a Banda ou as Molucas. O que não era verdade porque Magalhães já tinha estado nas Molucas a serviço do rei de Portugal.

Com isso, Magalhães, além de perder um dos melhores navios da expedição, perdeu também um dos capitães mais experimentados, e ainda perdeu o seu fiel amigo e parente

Duarte Barbosa, restando ao capitão-mor poucos homens fiéis em quem pudesse confiar. Por isso, tinha receio de fazer uma convocação aos oficiais que lhe restavam, com medo de não contar com a maioria.

Todavia, como a situação em que se encontrava era difícil, resolveu assim mesmo mandar uma circular a cada um dos seus pares, capitães e pilotos, em caráter amigável, para sentir o que eles pensavam. Pediu a cada um que lhe desse os seus pareceres por escrito, para saber se, entre tantos episódios e contratempos, era mais prudente regressar à Espanha ou seguir em frente. Mas advertia: "Antes de tudo, prestar os melhores serviços a S. M. e a segurança dos navios".[11]

Os navios que restavam da expedição encontravam-se naquela data justamente no ponto onde principia a terceira secção do estreito. O canal principal apresenta-se ao navegador com vários outros canais que se dirigiam uns para noroeste, outros para norte e ainda outros para o sul, com vários estreitamentos entre elevadas penhas e recifes.

---

11. Esta circular foi copiada no seu diário pelo astrônomo André de São Martim, que fez parte da expedição e foi publicada por João de Barros, na sua *Década III*, livro V, cap. 9, e era datada de 21 de novembro, no Canal de Todos os Santos, a 53° de latitude. Isso porque fora aquele nome que Magalhães dera ao canal que hoje leva o seu.

O astrônomo São Martim apresentou o seu relatório no dia seguinte, dizendo que sabia, e muito bem, o que era desejado pelo chefe da expedição. Lembrava-lhe no entanto a escassez de víveres, as más condições de navegar do navio Victória etc. Em seguida, desaconselhava decididamente que se fossem além dos 60° ou 75° de latitude, atendendo ao estado lastimoso em que se encontravam os navios e também as tripulações. Todavia, fincava-se à ideia de aproveitar os bonitos dias da primavera austral para ir à busca de um abrigo de clima mais ameno.

No dia 23 de novembro, deu Fernão Magalhães ordem para avançar. Não tinha mais dúvidas de que as costas da direita eram as de um continente e as da esquerda eram formadas por ilhas. Suposição esta corroborada pelos estrondos que daqueles lados se ouviam a distancia e que eram atribuídos às ondas do grande oceano, que se quebravam com muita violência nos rochedos das largas praias.

A travessia era perigosa e requeria muita precaução, motivo de os navios só navegarem de dia e ancorarem à noite, por causa da estreiteza dos lugares e da difícil arte de navegar por estes tristes e lúgubres canais. Mesmo com o cuidado de terem enviado lanchas exploradoras na frente da esquadra.

Depois de cinco dias navegados, os exploradores anunciaram que a expedição se encontrava à saída do estreito. Esta notícia provocou grande euforia em todas as tripulações, inclusive nos chefes, sendo motivo de grande regozijo para todos. Fernão de Magalhães mandou festejar com salvas de artilharia quando, em 28 de novembro, desembocou com os seus navios no Oceano Austral, junto ao Cabo Desejado. Festejou depois de uma travessia espetacular de três semanas, descontados os dias perdidos no aguardo do navio desertor Conceição, onde a busca também foi longa.

O grande e "pacífico" Oceano

Depois de entrar no oceano, Magalhães dirigiu o seu rumo para Norte, aos 47°, e pode observar à sua direita os altos montes da Patagônia. Mas chegando aos 37° de latitude, dirigiu-se para noroeste, deixando para trás o que faltava descobrir da costa ocidental da América do Sul. Seguindo o novo rumo, passou adiante sem se ater às ilhas de João Fernandes, situadas a oeste das costas do Chile, por entre as muitas ilhas de Prumatu e das Marquesas, muito montanhosas e sempre com o vento favorável e calmo. Por isso, chamou aquele grande mar de Oceano Pacífico.

Navegando durante quarenta dias sem ver terra, só céu e água, a 24 de janeiro de 1521, encontrou, aos 16°15' de latitude sul, uma ilhota solitária e desabitada à qual batizou de São Paulo. Onze dias depois, em 4 de fevereiro, aos 10°40' de latitude Sul, encontrou outra ilha deserta à qual chamou de Ilha dos Tubarões. Esta duas ilhas são hoje conhecidas pelos nomes de Pucapuca e Feint, situadas respectivamente, a 138°48' e 154°48' de longitude, a oeste de Greenwich. Todavia, na última destas ilhas, pensou Magalhães em dar descanso às tripulações por dois dias e, ao mesmo tempo, prover-se de víveres, especialmente de pescados, tendo em conta que a alimentação estava quase esgotada.

Após esta pausa para descanso, atravessaram um mar tão largo e dilatado que excedia a tudo quanto o homem poderia imaginar. Nesta parte desta longa viagem, apresentou-se, de um dia para outro, o aspecto horrível da fome aos integrantes da expedição. Informa o cavaleiro italiano Pigafetta, na sua narração,[12] que os expedicionários navegaram três meses e

12. Antonio Pigafetta, marinheiro, geógrafo e escritor italiano que havia pago do seu próprio bolso para viajar com a expedição. Escreveu um diário completo de toda a viagem, possibilitado pelo fato de Pigafetta ter sido um dos 18 homens a retornar vivo para a Europa. Dessa forma, legou à posteridade um raro e importante registro de onde se pode extrair muito do que se sabe sobre este episódio da história.

vinte dias sem renovar as suas provisões. "As bolachas tinham-se desfeito em pó pelo trabalho dos vermes e pela mistura dos excrementos das ratazanas. O mau cheiro que esta mistura exalava era horrível. A água era igualmente ruim e turva. Tivemos de comer o couro que envolvia as cordas mais grossas dos navios, para que o atrito não as gastasse. Porém este couro era tão duro, devido à exposição por tanto tempo ao Sol e à chuva e ao vento, que nos obrigou a pô-los de molho na água salgada por vários dias, para que pudéssemos comê-los, assim mesmo só assados. As ratazanas eram um pitéu de alta iguaria e valiam meia coroa cada uma".

A todas estas angústias se juntou a doença do escorbuto, que ceifou a vida de nove marujos. Diz Pigafetta ao final de sua narração: "Se Deus e sua Santíssima Mãe não nos tivessem dado tão bom tempo durante esta longuíssima viagem, teríamos perecido de fome, em tão dilatado mar. E sou de opinião que mais ninguém deste mundo voltará a empreender semelhante viagem".

Com efeito, Pigafetta desestimulou, com esta sua narração, todos aqueles empreendedores que pretendessem seguir esta rota para chegar às Molucas. Só muito mais tarde é que o capitão inglês James Cook quebrou este impulso da informação de Pigafetta e partiu decididamente para a segunda viagem.

Entretanto, Pigafetta compreendeu que aquela era uma viagem de Circum-Navegação do globo terrestre. Isso porque acrescentou na sua narração: "Se tivéssemos seguido continuadamente rumo a oeste ao sair do estreito, teríamos com certeza a possibilidade de realizar uma circum-navegação da Terra, pois teríamos chegado ao ponto de partida".

Pelo que se nota, Pigafetta não acreditava na existência de um grande continente austral, como lhe tinham descrito os geógrafos nos seus *mapas-múndi* do século XV (*terra austrális incógnita*). Isso até que a viagem do capitão Cook contrariou essa ideia.

No dia 13 de fevereiro desse ano, passou Magalhães pelo Equador, aproximadamente aos 175° de longitude a oeste de Greenwich, navegando 11 dias rumo a noroeste, até 12° de latitude Norte, passando para além do arquipélago de Gilberto e de Marshall e depois, entre este e as Carolinas Orientais. Mas ao sair deste arquipélago, voltou a tomar o rumo a oeste e, a 6 de Março, chegou às Ilhas Marianas ou dos Ladrões. Magalhães, que não ignorava que as Ilhas Molucas era o principal objetivo de sua viagem. No entanto, se achava no Equador e teve receio, com razão, de que, predominando nas Molucas muitos portugueses, ser-lhe-ia muito difícil fazer provisões frescas e restaurar a saúde e o vigor de suas tripulações, assim como restaurar os seus navios já um tanto avariados e necessitados de reparos.

Em razão disso, quis o capitão-mor refazer-se primeiro n'alguma ilha do Norte ou em algum porto do continente asiático ainda não frequentado pelos portugueses. Todavia, as primeiras ilhas do arquipélago das Marianas que encontrou foram as de Guam e Santa Rosa. Ambas muito povoadas e populosas, como não tardaram a demonstrá-lo as muitas embarcações movidas a velas triangulares, usadas pelos nativos que as faziam deslizar pelas águas com uma velocidade espantosa, como se fossem setas. A estas, deu-lhe Magalhães o nome de Ilhas das Velas.

Caso singular foi observado pelas tripulações dos navios da expedição. Sem nenhum receio, esta gente das velas, sendo até mesmo importuna, acorreu a bordo dos navios espanhóis e foram furtando e surrupiando tudo que encontravam à sua frente. Tão grande era a sua audácia que até conseguiram roubar um bote enorme, que logo depois as tripulações conseguiram recuperar já na praia.

Para puni-los, Magalhães mandou que lhe arrasassem as suas aldeias e destruíssem as suas plantações, operações em que pereceram sete dos seus habitantes. Mais outra vez evoca o capitão-mor os hábitos dos lugares para chamar estas como Ilhas dos Ladrões, nome pelo qual ainda hoje são conhecidas.

Permaneceram naquelas ilhas durante três dias, dirigindo-se depois para o oeste, onde encontraram o Arquipélago das Filipinas, ao qual deu o nome de Arquipélago de São Lázaro. Entretanto, os espanhóis desembarcaram na pequena Ilha de Saluam a fim de se abastecerem de água fresca e repousar aos doentes e as tripulações desgastadas.

Nesse ínterim, entabularam algumas relações amigáveis com os habitantes, tanto que o próprio chefe que governava os nativos visitou os barcos estrangeiros. Foi vestido ao estilo malaio, com um sarong feito de tecido muito fino, entretecido com fios de ouro à maneira de brocado e um vasto pano de seda na cabeça.

Depois, navegando de Saluam a sudoeste, pararam os navios na ilhota de Limasagua, situada entre Mindanao e Leyte, onde um capelão de bordo da esquadra celebrou uma missa em terra. O príncipe da daquelas terras conduziu os espanhóis à Ilha de Cebu, situada a noroeste da anterior (pertencente hoje às Filipinas), posto que ali havia comerciantes que tinham tido relações com portugueses e que lhes poderiam ser úteis.

A morte na Ilha de Mactan

O príncipe de Cebu recebeu os espanhóis muito bem e oito dias depois aceitou batizar-se com alguns dos seus habitantes, apesar de serem avisados por outro comerciante árabe para que não se confiassem nos estrangeiros. Segundo o árabe, os estrangeiros eram da mesma nação que tinha destruído Calecute (na Índia) e Malaca (situada hoje na Malásia). Magalhães lhe respondeu que o seu soberano era muito mais poderoso do que os portugueses e que protegeria a ilha contra estes.

Entretanto, Magalhães já havia combinado com o rei da Ilha de Cebu, recém-feito cristão, que este seria declarado o soberano de Cebu e de outras duas ilhas vizinhas, como uma chamada Mactan. Em troca, o rei de Cebu reconheceria como seu soberano o rei da Espanha. Como consequência desta sua promessa, começou Magalhães a submeter ao rei de Cebu as ilhas mencionadas, destruindo e devastando aquelas povoações que resistiam a suas ordens. E impunha um tributo pesado às ilhas mais afastadas, até que, numa delas, quis a sua má sorte que morresse nas mãos daqueles que defendiam a sua liberdade e independência.

Foi na Ilha de Mactan, separada apenas por um canal da costa oriental da ilha de Cebu, num estreito braço de mar, que Magalhães resolveu castigar os naturais que tinham-lhe negado os tributos. Quis demonstrar-lhes a sua superioridade e das suas armas, razão pela qual não aceitou a ajuda do rei de Cebu, que sabia o número adequado de homens preparados para esta guerra. Assim mesmo, Magalhães achando que venceria as tropas do seu inimigo, foi à frente dos seus adversários com apenas cinquenta soldados divididos em três lanchas, no dia 27 de abril. Ali, deixou Magalhães a seus amigos de Cebu o papel de espectadores de sua morte. Deixou-lhes o recado que não queria que eles se aproximassem de suas embarcações para auxiliá-lo, caso ele estivesse em perigo de vida.

Porém, mal ele pôs os pés nas praias daquela ilha vizinha de Cebu, viu-se cercado, frente a frente com mais de quatro mil guerreiros nativos. Estes estavam armados de arcos e flechas e com escudos resistentes aos tiros dos portugueses. Vendo os marujos desprotegidos, os nativos atiravam-lhes pedras e flechas em profusão. Apesar da resistência heroica dos portugueses, os indígenas em muito maior número, com suas armas rudes, é verdade, conseguiram derrotar os portugueses, que fugiram. Ficaram apenas sete ou oito homens fiéis ao lado do seu chefe contra o qual os seus inimigos avançaram com grande sanha e vigor.

Por duas vezes, os inimigos lhe quiseram arrancar o elmo de cabeça e, mesmo em muito menor número, jamais pensou em fugir ao perigo. Antes porém, continuou resistindo aos ataques e incentivando os seus companheiros a resistir, dando-lhes com esse seu gesto o exemplo de bom e grande soldado. Ferido por um ilhéu no rosto, que pagou seu atrevimento, atravessando-lhe Magalhães sua lança pela barriga. Não podendo retirá-la depressa como convinha, ainda quis desembainhar a espada naquela peleja. Todavia, quando a tinha só a meio desembainhada, recebeu uma lançada de um ilhéu tão terrivelmente que o prostrou por terra, perecendo ali mesmo, sem que tivesse por perto alguém para defendê-lo.

Ao verem o grande e destemido homem caído de bruços, imediatamente os seus inimigos precipitaram-se sobre ele e acabaram de matá-lo. Contudo, mesmo depois de morto, diz a testemunha ocular que foi Pigafetta: "Volveu várias vezes o rosto para os seus aliados para convencer-se de que nós estávamos a salvo, como se somente tivesse resistido a tão duros golpes para se certificar de que nós outros estávamos salvos daquele morticínio". Acrescenta Pigafetta que o herói deu grandes exemplos de sacrifício, oferecendo a sua vida em holocausto a seus companheiros, para depois entrar na história. Assim eram os heróis portugueses daquelas eras remotas.

Chorou o cavaleiro italiano que observara com elevado espírito humano a morte de seu amigo. Chorou por não poder ajudar o seu grande amigo naquela situação. Ferido como os demais companheiros, não lhe sobrou outro recurso senão o de escapar às setas dos indígenas e embarcar nas lanchas que os aguardava nas praias da ilha. Nesta violenta refrega, morreram com Magalhães oito espanhóis e quatro índios batizados. O cadáver do herói ficou na posse dos seus algozes que repeliram todas as ofertas que lhes foram dirigidas, incluindo presentes prometidos para que entregassem o seu corpo.

Magalhães teria quarenta anos completos quando se finou na ilha de Mactan, sem completar a viagem que tanto sonhou de chegar às Molucas, último destino da sua empresa. Porém, deixou o caminho aberto para seus companheiros a completarem. Magalhães, no entanto, conseguiu percorrer a parte mais difícil e perigosa da viagem, a do estreito canal que descobriu e atravessou e que se inicia no extremo sul-americano do Oceano Atlântico e vai desaguar no Oceano Pacifico. Levou a cabo, com êxito total, a tarefa e depois navegou pela a vasta superfície aquática do Pacífico, a maior do globo terrestre.

Foi não apenas um soldado superior, valente e sofredor. Acima de tudo, foi aquele que melhor soube suportar, durante longos meses, a fome, o frio, o calor e toda a espécie de privação e vicissitude que todo o marinheiro teme conhecer.

O seu maior feito foi o de ter sido o primeiro a dar a volta à Terra. O seu grande empreendimento de circum-navegação o tornou o mais ousado marinheiro de todos os tempos. Durante largos anos, não se deu o valor merecido ao seu feito, em razão da rivalidade que havia entre os dois reinos da Península Ibérica. Em Portugal, Magalhães não granjeou grande estima porque prestara os seus serviços à Espanha. Por ser português, por outro lado, não lhe deram valor em Espanha.

Mas as coisas no reino de Portugal sempre foram assim. Assim desabafou D. João de Castro, o primeiro vice-rei de Portugal na Índia: "De mal com El-rei por causa dos homens, e de mal com os homens por causa de El-rei". Magalhães também sofreu as injustiças tanto dos reis como dos homens. No entanto, o mundo inteiro, depois de alguns anos, reconheceu o heroico feito, resultado da obra de um português a serviço do rei de Espanha, narrada pelo italiano Pigafetta, um dos 18 sobreviventes de toda a expedição.

O cientista alemão Frederico Humboldt, explorador nascido em Berlim, em 1769, expõe a relevante importância da viagem de Magalhães para a ciência mundial porque esta fixou na sua proporção as superfícies terrestres e marítimas do nosso globo.[13] Mas com a morte de Magalhães, a viagem de circunavegação não terminou.

Os sobreviventes completam o périplo

Anunciada a morte do capitão-mor Fernão de Magalhães, assume o comando da expedição o espanhol Juan Sebástian Elcano, a bordo do navio Victoria. Os nativos das Ilhas Molucas, que supunham que os homens brancos eram não invencíveis, pensaram em desmanchar todas as alianças que os brancos tinham com o rei de Cebu e desfazer-se dos seus aliados.

Para isso, convidaram os espanhóis, que estavam em seus navios, para uma festa, um grande banquete de homenagem ao rei de Espanha, que incluiria a entrega de presentes, como pedras preciosas. Foram convidados os principais elementos de comando dos navios atracados no porto de Cebu. Entre estes, estavam Duarte Barbosa e João Serrão, os recém-empossados no comando dos navios, o astrônomo São Martim

13. Frederico Henrique Alexandre Humboldt, "O Cosmos", Tomo II – 306 – *O Descobrimento e Navegação do Oceano Austral.*

e mais uns vinte e elementos de proa da esquadra espanhola. Pigafetta não pode ir porque se encontrava demasiadamente ferido. Também se negou a ir o comandante Lopez de Carvalho, que via em todo este expediente uma grande cilada.

Na verdade, o que era para ser uma festa, um banquete, foi um assassinato coletivo. Foram todos mortos, menos José Serrão que, muito ferido, foi levado preso até a praia e lá ficou abandonado à sua sorte, pedindo a seus companheiros para o salvarem. Não encontrou eco em suas súplicas porque os que escaparam tinham medo de descerem a terra para ajudá-lo. Seriam mortos também. Carvalho, no comando dos navios, também não quis se arriscar para ir salvar o amigo porque, se por acaso fosse e ficasse refém dos indígenas, os navios ficariam sem ter quem os guiasse a sair dali. Ficariam sem um comandante e entregues a própria sorte.

Não tendo Carvalho gente suficiente para navegar com os três navios que sobraram, sacrificou aquele que lhe pareceu mais avariado, o Conceição. Este foi deixado em chamas perto da Ilha da Bohol, a leste de Cebu. Em seguida, tomando o seu rumo no comando do navio Trindade e entregando o comando do Vitória a Gonçalo Vaz de Espinosa, dirigiu-se primeiramente a Mindanao. Depois à pequena Ilha de Cagayan, a nordeste de Bornéu, habitada por maometanos expulsos daquela última ilha. Depois de Cagayan, Carvalho, tomando o rumo a noroeste, chegou a Palavan, onde os habitantes desta ilha os receberam muito bem, lhes proporcionado víveres e água com fartura.

Tiveram sorte de encontrarem ali um maometano chamado Bastiam, que entendia um pouco o português e também havia estado nas Molucas. Ofereceu-se o maometano para os guiar até ao reino de Brunei, nas costas ao noroeste de Bornéu, onde desapareceu das vistas dos espanhóis, sem deixar rastro.

No dia seguinte, uma embarcação indiana acercou-se dos navios, oferecendo-se para guiá-los até a uma ilha onde ficava a cidade de Brunei, edificada sobre estacas fincadas no chão, dentro de água. Pigafetta calculou que neste lugar deveriam habitar seguramente umas 25 mil famílias de nativos.

Os espanhóis foram muito bem recebidos. Ali trocaram presentes com o rei destas terras, que levou os estrangeiros, montados em elefantes, de visita ao seu palácio, onde os recebeu em audiência. Porém, sem falar com eles diretamente, só lhes permitindo falar com os seus ministros, como era o costume naqueles tempos entre os malaios civilizados. Em seguida, mandou alojar os embaixadores num grande salão, muito bem decorado, onde os espanhóis dormiram sobre almofadas de seda, cheias de algodão proporcionando-lhes muito conforto.

Este rei deu imediatamente permissão para os espanhóis comerciarem com os seus súditos. Porém, estas boas relações foram de pouca duração porque, observaram os espanhóis que, aos poucos os seus navios estavam cercados por uma infinidade de pequenas embarcações dos indígenas. Temeram um assalto e saíram do porto a toda a velocidade, abrindo caminho à força entre as embarcações malaias, metendo a pique algumas e aprisionando outras tantas. Passados alguns dias, este rei mandou embaixadores pedir desculpas aos espanhóis, alegando que tudo fora um engano, pois a frota que fora mandada para perto dos navios era destinada a combater os infiéis e não os espanhóis.

Todavia, alguns tripulantes que estavam fora, em terra, como o filho do capitão Carvalho, foram feitos prisioneiros. O rei se recusou a devolvê-los aos navios e a negociar com os espanhóis uma permuta daqueles com alguns caciques, com suas mulheres, que eles haviam prendido. Prova de que não era verdade a conversa deste rei dos malaios sobre o engano de cercarem os navios da esquadra de Magalhães.

Vendo os navegantes que o rei daquela ilha estava conluiado com os seus súbditos para tomá-los como cativos, partiram, deixando os seus colegas e amigos entregues à sua própria sorte. Tomaram o rumo ao norte de Bornéu, voltando à costa de Mindanao. Dali, voltando ao sul, vieram ter às Molucas, onde chegaram a 8 de novembro de 1521, após navegarem durante 27 meses, desde sua saída de Sevilha. Chegaram ao porto de Tidor, quando saudaram a cidade com sua artilharia. Ali ficaram cientes de que os portugueses tinham feito correr o boato que as Molucas eram de difícil acesso porque estavam situadas num mar muito baixo e sempre cobertas de denso nevoeiro que lhes dificultava a navegação.

Porém, constataram que eram fábulas largadas às populações para que eles, os portugueses, afastassem as outras nações de visitarem aquela região muito cobiçada. Pois era justamente ao contrário, as águas eram muito claras e transparentes até a uma profundidade de mais ou menos dez metros. Estes boatos imitavam, de certa forma, a estratégia que os antigos fenícios utilizaram na Península Ibérica. As fábulas marítimas dos fenícios nos foram transmitidas depois por autores gregos.

Os dois barcos que sobraram da armada de Magalhães atracaram na Ilha de Tidor. O príncipe desta ilha recebeu os espanhóis com grande satisfação e firmou com eles um tratado de comércio muito vantajoso para a ilha. Os espanhóis, na inocência sobre os preços das especiarias, pagaram por elas muito mais do que os portugueses pagariam.

Segundo nos informa o italiano Pigafetta, os espanhóis ofereceram (pagaram) por um bahar, isto é, 40 libras de cravo, um lote de cada um dos gêneros a seguir, à escolha do vendedor: 10 braças de pano fino encarnado ou 15 lenas de pano encarnado mediano ou 15 machados ou 35 taças de vidro ou 25 varas de linho fino ou 150 cutelos ou 50 tesouras ou 1 quintal de bronze. Ora estes preços para os malaios eram muito altos porque 10 varas de pano custavam 14 ducados em Espanha.

Os portugueses que se tinham estabelecido na vizinha ilha de Ternate, quando souberam dos preços altos que os espanhóis pagavam, pediram-lhes uma reunião para conversar com eles. Estes últimos alegaram que o príncipe da ilha não lhes permitia tal reunião. Mas o feitor português Afonso de Lourosa, que se tinha estabelecido naquela ilha havia 10 anos com os primeiros navios da sua nação, teve permissão para dialogar com os espanhóis. Quando confirmou os preços praticados pelos espanhóis pelas especiarias ficou surpreso, dizendo-lhes que o rei de Portugal tivera a intenção de interceptar a esquadra de Fernão de Magalhães. Usaria o rei, para repelir a esquadra de Magalhães daquelas águas, navios de

Luís de Camões

guerra lusos, tanto na foz do Rio de La Plata como no Cabo da Boa Esperança e ainda daria ordens ao governador-geral das Índias, Lopes de Sequeira, para enviar seis navios de guerra às Molucas. Todavia, esta esquadra recebera depois uma contra ordem para se dirigir ao Mar Vermelho a fim de cooperar na guerra contra os turcos.

Em meados de dezembro, foram os dois navios carregados com especiarias e neles colocadas velas novas com a cruz de São Tiago da Galisa. Quando tudo estava pronto, já no dia da saída do porto, eis que se abriu de repente um rombo no casco do navio Trindade. Nem os mergulhadores experimentados daquelas ilhas conseguiram consertá-lo. Naturalmente, este navio teve de ficar retido no porto para ser consertado e poder navegar. Mas foi permitido ao navio Victória, sob o comando de Juan Sebástian Elcano, que saísse rumo à Espanha, depois de descarregar 60 quintais de cravo, visto que estava com peso demais – não suportaria tão grande quantidade daquela especiaria.

Contudo, os expedicionários foram averiguar se haviam cometido algum erro de data no diário de bordo do navio. Perguntaram, na Ilha de Santiago, em que dia estavam, e souberam que era uma quinta-feira. Informa Pigafetta, em sua narração de bordo, que a resposta os deixou atônitos porque os seus registros davam como certa ser quarta feira. Ora, esta diferença de um dia dava que cismar porque afirmava Pigafetta que jamais tinha deixado de registrar em seu diário um só dia em que estavam a bordo.

Mas verificaram que não se tratava de erro ou de esquecimento de anotação. É que, souberam, quando se dá a volta à Terra no sentido de leste para oeste tem-se um dia a menos do que aqueles que se permanecemos estáticos no mesmo lugar.

Continuando a viagem na mesma direção, Juan Sebastián Elcano (também referido como Del Cano), obedecendo às diretrizes deixadas por Fernão de Magalhães, chegou, em 6 de setembro de 1522, ao porto de Sanlúcar de Barrameda, com apenas 18 pessoas, as únicas remanescentes da expedição. A maior parte delas em péssimo estado de saúde.

Passados dois dias, foram para Sevilha e, no dia 11 desse mês, foram levados em procissão solene à Igreja de Santa Maria, em ação de graças. Depois cumprido este dever religioso, o capitão Elcano, com dois dos seus oficiais do corpo de expedicionários, Pigafetta e outro, dirigiu-se a Valladolid. Nesta cidade estava a corte do rei de Espanha, que concedeu aos três uma polpuda pensão vitalícia. Além disso, presenteou o chefe Elcano com um novo escudo de armas, simbolizando que ele tivesse descoberto as Ilhas Molucas.

O italiano Pigafetta, nessa mesma ocasião, depositou nas mãos do rei de Espanha o diário de bordo, que tinha redigido durante toda a viagem, sem deixar de escrever um só dia enquanto navegou pelos mares desconhecidos.

Grandes foram as ovações de admiração a estes homens que fizeram aquela viagem de circunavegação. Na verdade, ao rei de Espanha coube a glória de ter protegido e incentivado esta empresa. Para sua felicidade, o resultado pecuniário imediato da expedição, pelo carregamento do Victória, consistia de 533 quintais de cravo, trazidos das Molucas. Os lucros auferidos com este único produto deram para pagar os gastos de toda a expedição iniciada por Fernão de Magalhães, no dia 22 de setembro de 1518, quando saíra de Sanlúcar de Barrameda.

O navio Trindade, que tinha ficado em Tidor para ser restaurado, partiu deste último porto em 6 de abril de 1522, com 50 tripulantes a bordo, comandados pelo capitão Gonçalo Gómez Espinosa. Todavia, para não serem apresados pelos navios portugueses, regressaram pelo Oceano Pacífico, via continente americano. Porém, com as grandes tempestades e os ventos formidáveis que tiveram de enfrentar, foram levados para lugares desconhecidos. Então, não tiveram outro recurso senão o de regressar novamente às Molucas.

Ali chegados, famintos e sem recursos e com reduzida tripulação – muitos haviam morrido de fome e pelos duros trabalhos que passaram navegando –, resolveram pedir auxílio a António de Brito, agora estabelecido em Ternate. Pediram-lhe para lhes mandar socorro, pois, nem homens tinham para que o navio pudesse navegar, tal era a miséria a que chegaram os navegantes espanhóis do navio Trindade.

Para se ter uma ideia dos sacrifícios que fizeram estes tripulantes, dos 239 marinheiros de várias nacionalidades – inclusive, espanhóis – embarcados com o capitão-mor Fernão de Magalhães, regressaram à Espanha apenas 18, alguns destes muito doentes, devido aos grandes sofrimentos que passaram nos cinco navios onde embarcaram em 1519.

Considerações finais

Desta viagem de Fernão de Magalhães a serviço do rei de Espanha, temos o dever de informar aos nossos leitores o que abaixo segue:

Primeiro, Fernão de Magalhães já teria estado nas Ilhas Molucas a serviço do rei de Portugal, entre 1510 e 1511. Portanto, conhecia muito bem o local e sabia muito bem o que estava prometendo ao rei espanhol. O que o navegador português talvez não tivesse a certeza era se aquelas ilhas estariam dentro do que determinava o Tratado de Tordesilhas, que dividia o mundo conhecido e a conhecer, daqueles tempos, em duas partes. Tinha sido acordado pelas duas potências peninsulares que, a 370 quilômetros de distância das ilhas de Cabo Verde para o oeste, seriam terras da Espanha e, para leste, seriam terras de Portugal.

Segundo, nos parece que Magalhães talvez se tivesse enganado quando assegurou ao rei espanhol que as Molucas – muito bem conhecidas por ele –, ficariam no hemisfério espanhol e não no português. Naturalmente, Magalhães talvez se tivesse confundido e contado mal os meridianos que, ao tempo, ainda não estavam completamente bem definidos nos mapas que norteavam os marinheiros mais capazes e experientes nas artes de navegar.

Ora, Magalhães conhecia como ninguém os mistérios do mar. Jamais nos passa pela cabeça que Magalhães tivesse o desplante de dizer a Henrique V, de Espanha, coisas inexistentes, pois as tratativas havidas entre ele e o rei espanhol eram de que aquelas ilhas estariam na parte do tratado pertencente à Espanha. Não estavam, na verdade. Estavam, isto sim, dentro do espaço pertencente a Portugal, como ficou comprovado a posterior. Todavia, pelo exposto, a nós nos parece que não houve má-fé por parte de Magalhães e sim um tremendo engano em seus mapas.

O fato é que o legado do grande navegador português, acima dos pequenos equívocos, naturais e implícitos à jornada imensa que empreendeu, constitui um marco importante para a humanidade. A Fernão de Magalhães se deve a primeira globalização do mundo, que integrou ao nosso dia-a-dia novos mares, territórios e rotas.

São Paulo, 13 de outubro de 2011
António Neto Guerreiro

Bibliografia

Da relação de obras consultadas, abaixo discriminadas, pouco foi o extrato de que nos servimos para a apresentação deste trabalho. Entretanto, queremos dizer que, sem elas, quase nos seria impossível levar a cabo tal tarefa. Isto porque nos faltariam os elementos de convicção e sustentação das inferências e juízos acabados de expor.

Principais obras e autoridades consultadas:

João De Ameal. *História de Portugal.* Academia das Ciências de Lisboa e da Academia Portuguesa de Letras.

Jean Monnier. *História de Portugal.* Verbo Juvenil, versão Portuguesa do Professor Doutor Joaquim Veríssimo Serrão.

Jean Monneir. *História Universal.* Verbo Juvenil, versão Portuguesa do Professor Doutor Joaquim Veríssimo Serrão.

Feliciano Ramos. *História da Literatura Portuguesa.* Professor do Liceu de Braga .

Leal Conselheiro. D. Duarte Atualização ortográfica, introdução e notas de João Morais Barbosa.

Elaine Sanceau. *D. Henrique o Navegador.* Porto-Pt. Editora Civilização, 1956.

João Mendes. *Literatura Portuguesa.* Volume I. Rio de Janeiro, Bertrand, 1987.

Grande Enciclopédia Delta Larousse. Rio de Janeiro, Editora Delta, 1972.

Conhecer Dicionário Enciclopédico. S. Paulo, Abril Cultural, 1972.

Manuel Cavaleiro de Ferreira. *Direito Penal Português.* Sociedade Científica da Universidade Católica Portuguesa, p. 67-70.

Luiz Vaz de Camões. *Os Lusíadas.* Comentado por Francisco da Silveira Bueno. Catedrático de Filosofia Portuguesa da Universidade de São Paulo. Rio de Janeiro, Ediouro, 1973.

Arte nos Séculos. S, Paulo, Abril Cultural, volume III, p. 627-630. 1971.

Dicionário Prático Ilustrado. Edição de 1966, Volume III. Porto-Pt, Lello e Irmãos.

Rui de Pina. *Crônica de D. Duarte*, cap. XVII.

ECOgraf
diagramou e imprimiu

Rua Costa, 35 – Consolação – São Paulo-SP
factash@gmail.com
Fone: (11) 3259-1915